Das Buch
der
göttlichen Magie

Aus dem Französischen übersetzt
Originaltitel:
»Le Livre de la Magie divine«

© 1987 Éditions Prosveta S.A., France, ISBN 2-85566-434-9
Französische Originalausgabe

© 1989 Éditions Prosveta S.A., France, ISBN 2-85566-468-3
Deutsche Ausgabe: »Das Buch der göttlichen Magie«

© 1997 Prosveta Verlag, Deutschland, ISBN 3-89515-026-6

11. Auflage

ISBN 978-3-89515-026-5

Druck 2021: Interpress, Ungarn

Omraam Mikhaël Aïvanhov

Das Buch der göttlichen Magie

Reihe Izvor – Band 226

PROSVETA VERLAG

INHALT

Da Omraam Mikhaël Aïvanhov seine Lehre ausschließlich mündlich überlieferte, wurden seine Bücher aus stenografischen Mitschriften, Tonband- und Videoaufnahmen seiner frei gehaltenen Vorträge erstellt.

Omraam Mikhaël Aïvanhov im Jahr 1945

Kapitel 1

DIE WIEDERKEHR MAGISCHER PRAKTIKEN UND IHRE GEFAHR

Einweihung bedeutet Arbeit an sich selbst, ständiges Streben nach innerlicher Ordnung, Lauterkeit und Selbstbeherrschung. Was heutzutage vor sich geht, dieses immer stärker werdende Interesse für Werke über Okkultismus und Magie, ist jedoch eher beunruhigend, denn es kommt nicht aus dem Bedürfnis nach wirklicher Spiritualität, sondern aus dem Begehren, in einen unbekannten, geheimnisvollen, verbotenen Bereich einzudringen. Die Ergebnisse sind dementsprechend eindeutig: Durch derartige Bücher sind die Menschen weder weiser noch ausgeglichener geworden und geläutert werden sie auch nicht. Im Gegenteil, dunkle Kräfte setzen sich durch und verwirren ihre Gedanken. So fallen sie niederen Wesenheiten zum Opfer, die nur darauf erpicht sind, ihnen zu schaden.

Jahrhundertelang – und zwar zu Unrecht – hat die Kirche die esoterische Tradition bekämpft. Schaut euch einmal an, was jetzt vor sich geht: Jedem schwachen, lasterhaften, übel gesinnten Menschen werden die okkulten Wissenschaften zugänglich gemacht; erfreulich ist das nicht gerade. Wenn die Eingeweihten der Vergangenheit das Schweigen als Vorschrift gegeben haben, so geschah es aus der Erkenntnis heraus, welch gefährliche Waffen die Geheimnisse der Einweihungslehre werden können, falls sie in die Hände derjenigen geraten, die zu ihrem Gebrauch nicht reif sind. Die menschliche Natur ist eben so geschaffen: Sie ist immer begierig, alles, was man ihr zu enthüllen vermag – sogar die erhabensten und göttlichsten Wahrheiten – zum eigenen Vorteil und Nutzen zu gebrauchen. Alles, was man den Menschen zu ihrem Wohl und Heil gewährt, wird missbraucht, zum eigenen Verderben verwendet und auch zum Verderben anderer.

Es wird heutzutage immer häufiger experimentiert: Man will die Kraft des Denkvermögens erforschen, aus der Entfernung auf Gegenstände und Menschen einwirken, geheime Informationen auffangen. Es gibt Leute, die durch adäquates Training versuchen, den Gedankengang bestimmter Athleten während des Sportwettbewerbs zu beeinflussen: Auf diese Weise tragen sie zum Sieg der einen und zur Niederlage der anderen bei.

Ganz zu schweigen von denen, die sich damit beschäftigen, bestimmte Gegenstände negativ zu beeinflussen, um diese dann Spitzenpolitikern und Prominenten als »Geschenk« zukommen zu lassen, mit der Absicht, ihnen oder deren Land zu schaden. Diese ganze Forschung auf dem Gebiet des Denkvermögens, um dessen Macht zu reinen Vernichtungszwecken zu verwenden, ist genauso gefährlich wie die Forschung auf dem Gebiet der Atomwaffe; vom Standpunkt der Moral aus betrachtet ist sie sogar noch verwerflicher. Der Mensch ist nicht berechtigt, diesen göttlichen Faktor, die Denkkraft, zu schädlichen Zwecken zu benutzen. Das ist schwarze Magie. Wer diesen Weg einschlägt, sollte wissen: Die Strafe wird nicht ausbleiben, sei es früher oder später.

Die Macht des Denkvermögens zu ergründen ist an sich nicht schlecht,[1] aber leider gibt es da allerlei Menschen, die weder Moral noch Gewissenhaftigkeit kennen und derartige Kenntnisse in einem ihnen gemäßen Sinn anwenden. Die niedere Natur ist es, die sich im Menschen immer zuallererst manifestiert und ihn dazu bringt, aus allem, was ihm in die Hände fällt, Nutzen zu ziehen. Aus diesem einen Grund sind schon etliche Menschheiten von der Erdoberfläche verschwunden. Das gleiche Schicksal droht auch der unsrigen, wenn nicht Sittlichkeit, Liebe und Güte die Oberhand gewinnen. Der Intellekt an sich kennt keine Moral. Wird ihm die Hauptrolle überlassen, so strebt er nur danach, den Menschen neue technische und wissenschaftliche Möglichkeiten zur Verfügung zu stellen, ohne nach dem Zweck zu fragen. Mit den okkulten Wissenschaften steht es genauso. Fühlen sich die Menschen davon angezogen, dann sollte nicht daraus geschlossen werden, es geschehe aus mystischem Drang oder Sehnsucht nach Spiritualität. Überhaupt nicht. Es können die größten Materialisten sein, die aber eines begriffen haben: In dieser Richtung könnte vielleicht irgendein Mittel stecken, das zum Erfolg, zur Verwirklichung ihrer eigenen Ambitionen führe. Daher sagen sie sich: »Warum nicht? Lasst es uns versuchen, wir werden schon sehen, was dabei herauskommt!« Und so versuchen sie es eben.

Die Menschen haben ja immer neue Wünsche, neue Bedürfnisse... das stimmt schon! Was ihnen aber fehlt, sind die Eigenschaften, um das Erwünschte zu erreichen, nämlich Intelligenz, Geduld, Ausdauer. Immer wieder probieren sie die einfachsten Mittel aus, in der Hoffnung, so schneller ans Ziel zu gelangen. Werden ihnen magische Verfahren angeboten, dann sind sie immer bereit, auf irgendein Experiment einzugehen, da sie überzeugt sind, mit der Hilfe der Magie zu raschen, erfolgreichen Ergebnissen zu kommen.

Überlegt euch einmal, wie viele Herausgeber schon seit Jahren wieder Werke über Okkultismus veröffentlichen. Einige dieser Bücher enthalten schauderhafte Anweisungen, enthüllen sogar, wie man sich anstellen soll, um einen Pakt mit dem Teufel zu schließen. Das Ärgste dabei ist, dass es sehr viele Menschen gibt – sogar viel mehr als ihr glaubt –, die sich für solche Praktiken interessieren... Vielleicht wisst ihr nicht darüber Bescheid? Und das Unglaublichste daran ist, dass sie Erfolg damit haben! Wieso? Ihre Leidenschaften, ihr Begehren, und die Hartnäckigkeit, die sie zu deren Befriedigung an den Tag legen, dienen eben den Dämonen als Nahrung, als Köder. So gelingt es diesen Menschen, sie anzulocken, mit ihnen Kontakt aufzunehmen und sie fast zum Leben zu erwecken.[2]

Man hat noch keine richtige Ahnung, wie gefährlich die Praktiken der schwarzen Magie sind. Welche Verantwortung übernehmen die Verfasser und die Verleger derartiger Bücher! Sie sind aber lediglich auf den Verdienst aus und hüten sich davor, ihre Leser über alle Gefahren zu orientieren, die bei der Anwendung jener Rezepte auf sie lauern. Ihnen ist es vollkommen gleichgültig, dass andere Menschen ihretwegen ins Verderben stürzen. Den Menschen, die das Beherrschen der eigenen Triebe nie erlernt haben, werden Möglichkeiten gegeben, ihre Begierden zu befriedigen. Wie kann man dann von solchen Menschen irgendwelche Widerstandskraft erhoffen? Manche wünschen, die Liebe eines Mannes oder einer Frau für sich zu gewinnen, sich an einem Feind zu rächen, ihren Ehrgeiz oder ihre Habgier zu stillen. Da dieses Verlangen viel stärker ist als ihre Vernunft, wenden sie sich an die schwarze Magie, so verlockend ist die Aussicht auf die Erfüllung der eigenen Wünsche! Es ist vielen bekannt, wie schädlich Alkohol und Tabak für ihre Gesundheit sind. Trotzdem können sie dieses Bedürfnis nach Trank und Rauch nicht unterdrücken. Mit den magischen Praktiken steht es genauso: Wozu soll man schwachen Menschen solche Mittel zur Verfügung stellen? Unter dem Einfluss unbeherrschter Gier oder tobender Leidenschaft werden sie diese Mittel zum eigenen Verderben und zum Verderben anderer verwenden. Ja, es werden dann fürchterliche Wesenheiten herangelockt, und auch sie werden ohne Vorwarnung zugrunde gehen. Die Verfasser der Bücher über die schwarze Magie sollten wissen, dass sie Verbrecher sind: Die Strafe der göttlichen Gerechtigkeit ist ihnen sicher; sie sollten sich nicht wundern, wenn es einmal so weit ist. Niemand darf seine Mitmenschen zur Unterwelt hinabziehen; er hat nur das Recht, ihnen den Weg zum Himmel zu zeigen.

Im Laufe der Geschichte sind zahlreiche Fälle von Menschen bekannt geworden, die armselig ums Leben gekommen sind, weil sie sich unvorbereitet und leichtfertig mit der schwarzen Magie befasst haben! Bestimmte Ergebnisse stellen sich ein, aber über die damit verbundenen Gefahren sollte man sich im Klaren sein und sich nicht auf einen solchen Weg begeben, denn was den Zauberern und Schwarzmagiern bevorsteht, ist nichts anderes als der Abgrund. Was nützt es also, spirituelle Ambitionen zu haben, wenn man die unmittelbaren oder fernliegenden Folgen der eigenen Handlungen nicht klar vor sich sieht?

Wenn die Menschen beginnen, sich der Existenz der unsichtbaren Welt mit allen darin lebenden Wesenheiten bewusst zu werden, wenn sie zugleich in ihrem Innern die Anwesenheit psychischer Kräfte wahrnehmen, mit deren Hilfe sie auf diese Welt einwirken können, dann ist es schon verlockend, den Versuch zu wagen. Etwas Ähnliches geschah auch mit mir, als ich noch sehr jung war, etwa vierzehn oder fünfzehn. Ich konzentrierte mich ohne weiteres auf ein paar Freunde, nur so aus Vergnügen: Ich wollte sehen, ob es mir gelingen würde, sie zu beeinflussen. Der eine sollte seine Mütze abnehmen, der andere nach irgendetwas auf dem Boden suchen oder einen Vorübergehenden anhalten. Diese Experimente machte ich nur, um zu sehen, was daraus werde.

Gelegentlich ging ich auch im Park am Schwarzen Meer spazieren (zu jener Zeit lebte ich in Varna). Manchmal waren alle Bänke besetzt. Ich stellte mich dann etwas abseits und konzentrierte mich auf einen der Sitzenden: »Jetzt, los, geh weg!« Nach ein paar Sekunden stand der Betreffende tatsächlich auf, und ich konnte mich, unbefangen und gelassen, niedersetzen. Ich hatte einen anderen Freund, den ich eines Tages vor mir auf der Straße erblickte. Ich konzentrierte mich auf seinen rechten Fuß, um ihn am Laufen zu hindern. Er blieb stehen und lehnte sich an einen Baum. Ich tat so, als käme ich zufällig vorüber und trat zu ihm: »Ach du, Michael, sagte er zu mir, ich weiß nicht, was mit mir los ist, ich kann nicht mehr gehen!« – »Mache dir keine Sorgen! Das ist bald vorüber!« antwortete ich, natürlich ohne ihm zu gestehen, dass ich dafür verantwortlich war! So etwas machte ich eben! Ich hatte kein Recht dazu, das ist klar. Ich war aber sehr jung. Ich hatte von der Macht des Denkvermögens erfahren, konnte mir aber bei niemandem Rat holen und wusste nicht, was gut oder schlecht war.

Eines Nachts, als ich auf meinem Bett lag, geschah etwas, das mich für immer prägte. Zwei Wesen tauchten vor mir auf. Ich schlief noch nicht, war vielleicht auch nicht ganz wach. In diesem Halbschlaf traten also diese beiden Wesen vor mich hin. Das eine war von überwältigendem Wuchs; Kraft und Macht strömten aus ihm heraus. Aber sein Gesicht war hart, sein Blick finster und erschreckend.

Das andere stand strahlend daneben: Ein sehr schönes Wesen war es. An seinem Gesicht konnte ich die Grenzenlosigkeit der göttlichen Liebe ablesen... Es war mir, als sollte ich mich für das eine oder das andere entscheiden. Ich war von der Kraft des ersten tief beeindruckt; jedoch das Fürchterliche, das ich in ihm spürte, erschreckte mich zutiefst in meinem Herzen und in meiner Seele. So wandte ich mich dem anderen zu und wählte das Wesen mit dem Antlitz Christi, denn es war ein Spiegelbild der Sanftmut, der Gutmütigkeit, der Aufopferung.

Denke ich jetzt an all das zurück, dann wird es mir klar: Hätte mir die Vorsehung nicht geholfen, den guten Weg einzuschlagen, dann hätte wohl aus mir ein Schwarzmagier werden können, weil ich schon von Jugend an große psychische Fähigkeiten besaß. In mir steckte aber nichts Böses, und das eben hat mich gerettet. Solche Experimente machte ich eben nur aus Neugier. Ich war sehr jung, ohne Unterscheidungsvermögen, mir selbst überlassen und hätte wohl auf einen schlechten Weg geraten können. Glaubt bloß nicht, dass all diejenigen, die schließlich der schwarzen Magie verfallen sind, es bei klarem und vollem Bewusstsein getan haben. Es mag wohl vorkommen; es gibt aber nur sehr wenige Menschen, die sich eines Tages gesagt haben: »Nun will ich zur schwarzen Magie übergehen und alles Nötige dafür tun.« Es mag sein, dass manche von ihnen zu Anfang keine böse Absicht hatten. Sie waren nur unerfahren, unvorsichtig. Sie haben ihre Kräfte überschätzt, die Selbstbeherrschung verloren und sich hinreißen lassen.

Alle okkulten Praktiken zur Befriedigung der eigenen Ambitionen sollte man aufgeben. Übrigens hat der Okkultismus mit der wirklich spirituellen Wissenschaft nichts zu tun. Dieses Wort »okkult« gefällt mir nicht, denn in den okkulten Wissenschaften sind Gut und Böse mit einbegriffen. Zu viele Okkultisten sind in den dunklen Bereichen dieser Wissenschaften involviert worden. Das von mir übermittelte Wissen wird euch niemals zu solchen Praktiken führen. Wozu sollte man Reichtum, Macht, Vergnügen erstreben, wenn man sich nachher so gefesselt, verfolgt, sogar besessen fühlt, dass man dann gezwungen ist, sich an Exorzisten zu wenden?

Es gibt Magie aller Art. Die wirkliche Magie, die göttliche Magie, liegt darin, alles, aber wahrhaftig alles, nur für das Reich Gottes anwenden zu können. Im Gegensatz dazu ist jede Praktik, die die erhabensten Errungenschaften des menschlichen Geistes in den Dienst der niederen Natur stellt, reine Zauberei. Sehr wenige Magier sind zu diesem Höhepunkt gelangt, wo man selbst kein Interesse mehr an magischen Praktiken hat, wo sich keine Wünsche mehr aufdrängen, die Geister,

Elementarwesen und Genien zur Befriedigung eigener Ambitionen zu beschwören. Sehr wenige, und nur die größten von ihnen, haben kein anderes Ziel als ihre gesamten Kräfte und Energien, die Summe ihrer Kenntnisse zur Verwirklichung des Reiches Gottes zu verwenden. Sie sind Theurgen, d. h. Wesen, die die erhabene göttliche Magie in die Tat umsetzen: Ihre Arbeit ist durch völlige Selbstlosigkeit gekennzeichnet. Aber um zu derartiger Höhe zu gelangen, müssen sie ein außerordentliches Maß an Selbstüberwindung und Lauterkeit aufbringen können – was jedem einleuchten wird. Ihr Ziel ist weder Macht noch Ruhm, sondern einzig und allein die Umwandlung der Erde, damit Gott unter den Menschen wohnen möge.

Die Größe eines Menschen, seine wirkliche Stärke wird dadurch offenbar, dass er die eigenen Kräfte nie zum eigenen Vorteil verwendet. Daher bitte ich alle Brüder und Schwestern der Bruderschaft, niemals zu magischen Praktiken zu greifen, um sich Liebe, Geld oder Ruhm zu verschaffen oder einen Feind loszuwerden, denn so etwas ist nichts anderes als schwarze Magie. Sollte ich einmal von solchen Verfahren hören, dann würde ich sie nicht zulassen und energisch eingreifen. Der Schüler einer esoterischen Schule sollte nicht nach der Befriedigung seiner niederen Begierden und Wünsche streben. Sein Ideal sollte hauptsächlich darin liegen, selbst vom Licht umgeben, für die Verbreitung des Lichtes mitzuwirken. Nur auf diesem einen Weg wird er zu einem wahren Sohn Gottes, zu einem Wohltäter der Menschheit.

In Zukunft solltet ihr euch ausschließlich in der weißen Magie üben, mit dem Licht, mit der Liebe wirken. Gebt Acht auf meine Warnung: Die schwarzen Magier werden sich immer häufiger durchsetzen; daher solltet ihr schon gerüstet sein und zur Verbreitung von Licht und Harmonie beitragen, um den Sieg der Finsternis zu verhindern.[3]

Anmerkungen

1. Siehe Band 224 der Reihe Izvor »Die Kraft der Gedanken«.
2. Siehe Band 210 der Reihe Izvor »Die Antwort auf das Böse«, Kapitel 7: »Die Frage der Unerwünschten«.
3. Siehe Band 212 der Reihe Izvor »Das Licht, lebendiger Geist«, Kapitel 9: »Der Laserstrahl im geistigen Leben« und Band 223 »Geistiges und künstlerisches Schaffen«, Kapitel 3: »Die Aufgabe der Phantasie« und 7: »Die beste Weise, Musik zu hören«.

Kapitel 2

DER MAGISCHE KREIS: DIE AURA

Die herkömmliche Darstellung des Magiers, die übrigens meistens in den Märchen und esoterischen Erzählungen vorkommt, stellt einen erhabenen Greis vor, der mit einem Stock einen magischen Kreis um sich zieht. Ist der Kreis vollendet, so spricht er bestimmte Formeln aus. Damit kann er die Geister beschwören und sie zu bestimmten Aufgaben verpflichten. Das Wesentliche dabei ist nicht zu ergründen, ob diese Darstellung der konkreten Realität entspricht. Symbolisch gesehen ist sie von absoluter Genauigkeit, und das eben ist entscheidend: Der magische Stab, der magische Kreis, die magischen Formeln sind Realitäten, die zum spirituellen Bereich gehören.

In der Genesis berichtet Moses von der Erschaffung der Welt. In seiner Beschreibung tritt besonders eine Stelle hervor, deren Bedeutsamkeit bei den Theologen nicht immer klar genug zur Geltung kommt: Gottes erstes

Geschöpf, erste Erschaffung war das Licht. Gott sprach: »Es werde Licht!« Als das Licht da war, rief Gott alle anderen Geschöpfe ins Leben. Der esoterischen Lehre nach soll Gott bei der Erschaffung der Welt zuerst einen Lichtkreis um sich herum projiziert haben. So wurden die Grenzen des Universums gezogen und festgelegt. In dieses Lichtfeld soll Gott dann Bilder projiziert haben. Diese Bilder, verdichtet und materialisiert, sind zu Pflanzen, Tieren und Menschen geworden. Das Licht also ist es, das die Substanz der Schöpfung hergegeben hat.

Dieser Erschaffungsprozess spiegelt sich bei den großen Magiern wider. Auch sie stehen mitten in einem Lichtkreis, in ihrer Aura.[1] Bis jetzt ist die Rolle und die Bedeutsamkeit der Aura noch nicht vollständig geklärt worden. Will ein Eingeweihter etwas schaffen, so greift er zu den gleichen Mitteln wie Gott Selber, als Er das Universum schuf: Er projiziert ein Bild oder spricht ein Wort aus, das durch seine Aura dringen muss. Diese Aura, die Ihn umhüllt, versorgt Ihn mit der zur Materialisierung erforderlichen Substanz. Das projizierte Bild, das ausgesprochene Wort wird sozusagen in die Substanz der Aura gekleidet. Ohne diese subtile Substanz gibt es auf der spirituellen Ebene keine Möglichkeit zur Verwirklichung. Die Aura der Magier und der Eingeweihten ist weit reichend, stark und vollkommen geläutert.

Sie sind im Stande, die Worte, die sie aussprechen, mit der Substanz ihrer Aura zu bekleiden. Daraus entsteht ihre Macht. Das Wort ist wie ein Behälter: Je stärker das schöpferische Element – das Licht – darinnen ist, desto größer wird seine Macht.

Ihr habt es zweifellos an euch selber erfahren: An bestimmten Tagen bleiben eure Worte ohne Wirkung auf die Seele der anderen. Im Gegensatz dazu vermag manchmal ein ganz einfaches Wort lange nachzuklingen, weil das Wort eben etwas Lebendiges ist. Die von euch gebrauchten Worte sind vorher von eurer Aura geprägt worden. Dadurch wurden sie belebt, gestärkt, und konnten dann, mächtig geworden, sich eine Bahn bis zur Seele der anderen brechen und sie zu höheren Schwingungen bringen. Ist eure Aura aber schwach, so kommen eure Worte unbedeutsam, leer hervor, sie klingen hohl. Ihr könnt sprechen so viel ihr wollt, der Erfolg bleibt aus.

Jetzt seht ihr ein, worauf der Kreis, den der Magier um sich herum ziehen muss, zurückzuführen ist: Diese Vorschrift stammt aus einem uralten Wissen über die menschliche Aura. Wenn gesagt wird, der Magier solle in den von ihm beschriebenen Kreis eintreten, ist damit nicht nur gemeint, er solle einen materiellen Kreis um sich selbst ziehen, sondern zugleich den lebendigen Kreis der Aura zustande bringen und sich selbst in dessen Mitte hinstellen;

mit anderen Worten soll sein Geist aktiv und wachsam bleiben. Begnügt sich der Magier mit der bloßen Herstellung eines materiellen Kreises um sich herum, ohne vorher an der eigenen Aura gearbeitet zu haben, damit sie geläutert, strahlend, stark werde, dann geht er ein erhebliches Risiko ein, egal ob es ihm schon gelungen ist, das Erwünschte zu erlangen oder nicht. Denn in dem Moment, wo er aus dem magischen Kreis heraustritt, wird er von allen Wesenheiten, die ihm in seinem ihn schützenden Kreise gehorchten, nun verfolgt, denn dieses Symbol und die ausgesprochenen Worte werden von den Wesenheiten der unsichtbaren Welt anerkannt.

Dieses Missgeschick wird zum Los aller Magier, die die Gesetze der spirituellen Arbeit vernachlässigen oder einfach nicht kennen. Die unsichtbaren Geister bemerken schon, dass ihre Aura weder geläutert noch strahlend ist, und fallen über diejenigen her, die sie, ohne wahre Autorität, zur Gehorsamkeit gezwungen haben. Bevor der Schüler auf die Verwirklichung umfangreicher Unternehmungen eingeht, sollte er eine Aura, einen wirklichen magischen Lichtkreis um sich selbst schaffen. Dieser Kreis wird nicht automatisch mit einem Stück Kreide oder durch irgendein anderes Mittel erzielt. Er entsteht durch die Ausübung von Liebe, Lauterkeit, Entsagung und Aufopferung.

Wer sich auf magische Praktiken einlässt, kommt oft zu keinem Ergebnis, er ruft sogar Unheil hervor. Wie ist das zu erklären? Seine Aura ist weder stark noch geläutert. Will er seine Gedanken projizieren, so wird nichts hervorgebracht, was seinen Gedanken Konsistenz geben, sie verstärken könnte. Ein Gedanke kann sich nicht von selbst erheben, man muss ihn beflügeln; die Flügel verschafft ihm die Aura. Darüber solltet ihr natürlich Bescheid wissen: Die wirkliche Magie ist keine Taschenspielerkunst. Wollen wir unsere Existenz umwandeln, mit unseren vorgebrachten Wünschen etwas erzielen, so müssen unsere Gedanken, unsere Gefühle, unsere Worte von der Substanz der eigenen Aura geprägt sein. Ohne diese geläuterte Substanz, dieses subtile Licht der Aura ist überhaupt kein wirklich spirituelles Schaffen möglich.

Der Kreis der Aura stellt also den Raum dar, in welchem wir schaffen können, zugleich ist er aber auch die allerbeste Zufluchtsstätte. Es gibt Kranke, deren Beschwerden nicht aus physischer Ursache hervorgehen: Ihre Aura ist einfach in schlechtem Zustand; deswegen sind sie jeder Störung der psychischen Atmosphäre ausgesetzt. Ist eine Aura geläutert, strahlend und stark, so gleicht sie einer unüberschreitbaren Schranke. Sie ist fähig, alle schädlichen Strömungen abzuwehren, die die sichtbare und unsichtbare Welt durchqueren. Von einer solchen Aura umgeben steht der Mensch wie in einer Festung: Sollte Aufregung, Verwirrung, Aufruhr um ihn herum wüten, er bleibt weiter friedlich, fest, voller Mut und Liebe: Er fühlt sich von innerem Licht erfüllt. Durch Beten und Meditieren, durch Übung von Tugenden ist es einem jeden möglich, diese starke Aura zu gestalten.

Ihr solltet mich nicht missverstehen. Ist es euch gelungen, eine starke Aura, eine wirkliche Lichtfestung zu errichten, dann solltet ihr euch nicht einbilden, ihr würdet zukünftig weder behelligt noch überfallen. Solange der Mensch auf Erden verweilt, kann er sich leider verschiedenen Angriffen und Zwistigkeiten kaum entziehen. Hat er sich aber in der eigenen Lichtfestung verschanzt, dann ist die Lage ganz anders. Die Eingeweihten selber, sogar die stärksten und mächtigsten unter ihnen, müssen ständig wachsam sein, Flammenkreise um sich ziehen, Lichtschranken errichten, um die bösen Geister, die sich heranwagen, in Schach zu halten. Wie können denn Schwächlinge auf den Gedanken kommen, sie brauchten keinen Schutz?

Jetzt ist es höchste Zeit, der Bedeutsamkeit dieser Arbeit an der eigenen Aura gewahr zu werden. Jeden Tag solltet ihr mehrmals darüber nachdenken, euch mit Licht und Farben umgeben. Diese Schranke sollte unübersteigbar sein für negative Einflüsse, für schädliche

Wesenheiten aller Art. Bildet einen Lichtkreis um euch herum, und in diesem Kreis stellt euch dann eine Lichtquelle vor, die sich Tag und Nacht daraus ergießt, euch und eure Umgebung überflutet. Jesus sagte: »Wachet und betet!«[2] Beten bedeutet eben das Aussenden lichtvoller Ströme durch den Weltraum. Gibt euch der Himmel weder Beistand noch Schutz, dann ist das ein Beweis, ihr habt kein Licht ausgestrahlt. Der Himmel kümmert sich nicht um das, was erloschen ist. Wünscht ihr euch eine Antwort vom Himmel, so solltet ihr all eure Lampen anzünden.[3]

Einige werden sicher einwenden: »Für solche Übungen habe ich keine Zeit!« Wenn mir jemand sagt, er hätte keine Zeit, er wäre zu stark in Anspruch genommen usw., antworte ich: »Schon gut, ich verstehe, ich verstehe. – Ja? Was denn? – Zeit werden Sie schon finden müssen, um unglücklich zu sein, in laute Klagen auszubrechen und sich auf Ihrem Lager zu wälzen. Wer keine Zeit hat für das Gute, stimmt dem Bösen zu.« Er schaut mich an und denkt: »Wie hart, wie grausam er ist!« Nein, überhaupt nicht, das Gleiche spielt sich in der Natur ab: Habt ihr keine Zeit für das Licht, so werdet ihr schon Zeit haben für die Finsternis. Ja, so steht es; es ist von absoluter mathematischer Genauigkeit.

Anmerkungen

1. Siehe Band 219 der Reihe Izvor »Geheimnis Mensch«, Kapitel 2: »Die Aura«.
2. Siehe Band 215 der Reihe Izvor »Die wahre Lehre Christi«, Kapitel 9: »Wachet und betet«.
3. Siehe Band 217 der Reihe Izvor »Ein neues Licht auf das Evangelium«, Kapitel 9: »Das Gleichnis von den fünf törichten und den fünf klugen Jungfrauen«.

Kapitel 3

DER MAGISCHE STAB

Was ist eigentlich ein magischer Stab? Ein einfacher Stock, der aber zu einem ganz besonderen Zweck gebraucht wird: Er soll die beiden Welten – die obere und die untere – miteinander verbinden. Ein magischer Stab wird gewöhnlich aus einem Mandelbaum- oder Haselstrauchzweig gemacht, so dick wie ein Finger und so lang wie eine Elle (vom Ellbogen bis zur Fingerspitze). Morgens vor Sonnenaufgang stellt sich der Magier auf das kommende Geschehen ein. Beim Abschneiden des Zweiges spricht er ein paar ausgesuchte Formeln aus und schält die Rinde ab. An beiden Enden bringt er zwei kleine Hülsen (eine goldene und eine silberne) an, auf denen bestimmte Worte oder Symbole eingraviert sind; danach wird der Stab dem Himmel geweiht. Fortan vermag der Magier mit seiner Hilfe viel Schönes und Gutes zustande zu bringen.

Um Magier zu werden und die Geister zu beschwören, genügt es nicht – wie manche es sich ausmalen – einen Stab in der Hand zu halten. Die Beschwörung der Geister ist keine leichte Sache. Es gibt Menschen, die von den zweiundsiebzig planetarischen Genien haben sprechen hören und sich nun anmaßen – weil sie mit einem magischen Stab gewappnet sind – die Geister herumbefehlen zu dürfen. Meine Güte! Und was verlangen diese Dummköpfe von ihnen? Ihren Beistand, um die gesamte Menschheit weiterzubringen, für den Frieden und das Licht mitzuwirken?... Leider nicht. Von den zweiundsiebzig Genien verlangen sie ausschließlich Geld, Liebe, Erfolg, ohne die Entwicklung von Fähigkeiten und Tugenden in sich selber anzustreben. Nun gut! Auf derartige Weise schließt man sich der Schwarzen Loge an; das sollten sie wissen. Die Schwarze Loge ist es, die sie zur Beschwörung der Geister anregt, bevor sie zu wirklich würdigen Kindern Gottes geworden sind.

Es ist schon eine Blasphemie, die lichtvollen Geister in den Dienst der menschlichen Begierden stellen zu wollen. Man sollte wissen, dass es keine Wesenheiten sind, die ohne weiteres dem ersten Besten gehorchen. Ihr müsst euch zunächst auf spirituellem Gebiet zu einem bestimmten Format emporarbeiten, sonst werden die Geister gleich bemerken, mit wem sie es zu tun haben und euch in der

Klemme sitzen lassen. Die zweiundsiebzig Genien sind nicht verpflichtet, euren Launen nachzugeben.[1] Um ihnen befehlen zu dürfen, müsst ihr einen hohen Grad im Bereich der Lauterkeit, des Willens, der Selbstlosigkeit erlangt haben. Auch wenn ihr die Geister beim Namen kennt und diese Namen ausspricht, reicht es nicht aus, um Ergebnisse zu erlangen.

Man sollte sich über Folgendes im Klaren sein: Der magische Stab ist nicht nur ein Stock, er stellt auch eine innerlich lebendige Verbindung dar. Diese Verbindung hat der Mensch von vornherein und ganz bewusst zwischen der oberen und der unteren Welt zustande gebracht. Der Magier soll diesen kleinen Zweig, der Erde und Himmel verbindet, in sich selbst besitzen. Die Rolle des magischen Stabes liegt darin, einen Anschluss zwischen den beiden Welten zu ermöglichen, damit ihre Energien in Wechselwirkung zueinander treten. Oben ist irgendwo eine elektrische Zentrale vorhanden, die den Strom erzeugt. Ist die Lampe unten nicht eingeschaltet, dann brennt kein Licht. Dazu muss die Steckdose am Stromnetz angeschlossen sein. Der magische Stab stellt eben die Steckdose dar. Verfügt also der Magier über diese Steckdose in seinem Kopf, in seinem Herzen, in seiner Seele, in seinem Geist, besitzt er noch dazu den magischen Stab (das heißt diese Steckdose auf der materiellen Ebene), so ist er in der Lage, die Kräfte der göttlichen Welt auf die materielle Welt zu übertragen. Jetzt ist das Symbol des magischen Stabes klar geworden.

In seinem Gebet »Dein Wille geschehe wie im Himmel so auf Erden« stellte Jesus die Verbindung her zwischen oben und unten, diese Verbindung eben, die durch den magischen Stab symbolisiert ist. Damit meinte Er, jeder Mensch habe ebenfalls eine magische Rolle zu spielen: die Lauterkeit, das Licht, die Harmonie der oberen Welt in sich aufzunehmen, damit die Erde den Himmel widerspiegle und zu einem Tabernakel für die Gottheit werde. Die einzige Möglichkeit, dieses Ideal zu verwirklichen, ist die Verbindung mit dem Himmel. Man sollte sich ganz und gar dafür einsetzen, damit der Strom durchfließen möge. Die elektrische Zentrale befindet sich oben im höchsten Bereich. Um den Strom zum Fließen zu bringen, um alle Lampen anzuzünden, alle Apparate in unserem Innern in Gang zu bringen, muss die Steckdose benützt werden.

Der magische Stab gleicht also einer Steckdose, die vor allem dem Himmel angeschlossen werden soll. Eines aber müssen wir wissen: In uns gibt es mehrere Stäbe, ja, einen auf jeder Ebene, um die Verbindung jeweils herstellen zu können: auf der Atmanebene zwischen unserem Geist und dem Geist Gottes, auf der Buddhi-Ebene zwischen unserer Seele und der Universellen Seele, auf der Mentalebene zwischen unserem Intellekt und der Kosmischen Intelligenz, auf der Astralebene zwischen unserem Herzen und der selbstlosen Liebe. Auf der materiellen Ebene gibt es letzten Endes diesen kleinen Stab, den wir mit dem Wort »magisch« bezeichnen. Es gibt aber auch unsere Hand. Sie ist natürlich auch ein magischer Stab. Man kann sogar sagen, der Stab sei eine Verlängerung der Hand selbst. Steht euch kein Stab zur Verfügung, so könnt ihr den Arm erheben – dieser dient dann als Stab – und einige Worte aussprechen. Seid ihr in diesem Moment geläutert, lichtvoll, in vollkommener Harmonie mit dem Himmel, so können die Kräfte der Natur euch verstehen, euch anhören und gehorchen und eure Wünsche in Erfüllung bringen. Sonst mögt ihr jahrelang den Arm vergebens ausstrecken, ihr werdet nichts erreichen – höchstens ein paar Ohrfeigen seitens der himmlischen Wesenheiten, mit den Worten: »Zu welchem Zweck treibst du solches Spiel? Du störst uns!« So ist es..., mit der unsichtbaren Welt sollte man nicht leichtsinnig umgehen.

In Wirklichkeit kann man wohl sagen, der Mensch selber sei der magische Stab, eine Art Vermittler zwischen Himmel und Erde. Aus diesem Grund sollte er stets mit dem Himmel in Verbindung stehen, um segensreich auf die

Erde einzuwirken. Die wirklich Eingeweihten verwenden keinen magischen Stab, denn sie sind selbst ein solcher geworden.

Anmerkung

1. Siehe Band 32 der Reihe Gesamtwerke »Die Früchte des Lebensbaums«, Kapitel 4: »Das Tetragrammaton«.

Kapitel 4

DAS MAGISCHE WORT

Es gibt zwei Kategorien von Magiern: diejenigen, die Magie mit einem Gerät betreiben – meistens mit einem Stab – und die anderen, die sie durch die Macht des Wortes allein ausüben. Letztere stehen viel höher auf dem Weg der Entwicklung, denn ihr magisches Instrument ist der eigene Mund, nicht von ihnen abgesondert, sondern stets mit ihnen verbunden. Die anderen hingegen müssen einen Stab zur Hand nehmen, also etwas Äußerliches, das nicht zu ihrem Wesen gehört. Der Äskulapstab ist das Kennzeichen Merkurs, des Gottes der Magie, denn Merkur regiert sowohl den Mund und das Wort als auch die Hände.

Die Worte, die am Anfang des Johannes-Evangeliums stehen, sind jedem bekannt: »Im Anfang war das Wort, und das Wort war bei Gott, und Gott war das Wort...« Der Überlieferung nach soll in grauer Vorzeit auch der Mensch die Gabe besessen haben, mit Hilfe des

WORTES* zu erschaffen. Durch den Sündenfall wurde er aber von Gott getrennt. Er sank tiefer und tiefer in die Materie hinab und verfügte dann nicht mehr über die Macht des WORTES; folglich wurde er gezwungen, mit eigenen Händen zu schaffen. Ursprünglich war der Mensch ein König: Er erteilte Befehle, und diese Befehle wurden ausgeführt, denn einem König stehen immer Diener zur Verfügung, die seinen Anweisungen nachkommen und seine Wünsche erfüllen. Da der Mensch seine Königswürde eingebüßt hatte, war er nicht mehr im Stande, die Materie zu beherrschen. Um das Erwünschte zu erlangen, blieb ihm nichts anderes übrig, als mit eigenen Händen einzugreifen. Heutzutage müssen sich die Menschen mit der Materie auseinander setzen, sie bearbeiten, um ihr Auskommen zu finden. Es entspricht genau dem, was Gott zu Adam sagte: »Im Schweiße deines Angesichtes sollst du dein Brot essen.«

Zu dieser Macht des WORTES kann aber der Mensch zurückfinden, sofern er bereit ist, einen inneren Umwandlungsprozess durchzumachen. In der Einweihungslehre sind die notwendigen Kenntnisse für eine solche Arbeit an

* Anm. d. Übers.: In der deutschen Sprache gibt es für die französischen Ausdrücke »le verbe« und »la parole« nur die Übersetzung »Wort«. »Le verbe« entspricht dem göttlichen, schöpferischen Wort, »la parole« ist der Begriff für das Wort allgemein. Im folgenden Text kommt es jedoch wesentlich auf die Unterscheidung dieser beiden Begriffe an. In der Schreibweise WORT ist das schöpferische, göttliche Wort gemeint.

sich selbst immer von neuem vermittelt worden. Die Grundlage dafür ist die Beherrschung der eigenen Gedanken und Gefühle. Wenn die Menschen losreden – und das tun sie oft, ohne sich über den Grund, über die Tragweite ihrer Worte im Klaren zu sein – kommt es eben daher, dass sie ihre Gedanken und Gefühle überhaupt nicht kontrollieren. Sie wissen es übrigens ganz genau, aber sie legen der Tatsache kein besonderes Gewicht bei. Worte sind ja Luft, bringen nichts Erhebliches hervor, damit kann man schon fertig werden... Nein, so leicht ist es nicht.[1]

Ein Mann kam eines Tages zu Mohammed und sagte: »Ich bin sehr unglücklich, weil ich mich einem Freund gegenüber so schlecht benommen habe: Ich habe ihn zu Unrecht angeklagt und verleumdet. Jetzt weiß ich nicht, wie ich das alles wieder gutmachen soll. Kannst du mir helfen?« Mohammed hört ihm aufmerksam zu und antwortet: »Tue Folgendes: Geh jetzt heim und lege vor jede Haustür deiner Straße eine Feder; dann komm morgen wieder zu mir.« Der Mann geht fort und tut das, was Mohammed ihm befohlen hat: Vor jedes Haus in seiner Straße legt er eine Feder. Am nächsten Tag kommt er wieder zu Mohammed. »Schon gut!« sagt dieser, »suche jetzt all diese Federn zusammen und bringe sie hierher.« Nach ein paar Stunden kehrt der Mann kleinlaut zurück: Er hatte keine einzige Feder mehr gefunden.

Da sprach Mohammed: »Genauso steht es mit den Worten: Sind sie einmal ausgesprochen, so kannst du sie nicht mehr einholen, sie sind alle davongeflogen.« Der Mann ging enttäuscht und unglücklich davon.

Nun möchte auch ich dieses Gespräch weiterführen. Es kommt z. B. jemand zu mir mit dem Wunsch, Verleumdung und falsche Anschuldigungen wieder gutzumachen. Er fragt mich um Rat. Ich werde ihm dieselbe Geschichte erzählen, aber noch etwas Wesentliches hinzufügen, nämlich: »Du solltest unbedingt über diese Person wieder sprechen und dabei ihre guten Eigenschaften, ihre Tugenden und wohlgesinnten Absichten betonen. In jeder Kreatur steckt doch etwas Gutes, suche danach und du wirst es entdecken. – Werde ich auf diese Weise meinen Fehler wieder gutmachen? – Nein, das ist unmöglich, denn in den unsichtbaren – und manchmal auch in den sichtbaren – Regionen haben die gesprochenen Worte schon Schaden angerichtet. Du wirst aber etwas anderes schaffen, das deine früheren Worte gewissermaßen entkräftet. Wenn es einmal so weit ist, dass das Karma dich zur Zahlung auffordert, dann werden die von dir gesprochenen guten Worte auch bald ihre Folgen zeigen, darin wirst du Trost finden.

Was stellt eigentlich ein Wort dar? Eine Rakete, die den Weltraum durchquert, Kräfte auslöst, Wesenheiten herausfordert und irreversible Auswirkungen hervorruft. Ja, natürlich! Ist dieses Wort boshaft, sogar verbrecherisch, so ist dem Schaden nicht abzuhelfen. Wenn es möglich wäre, das Ganze gleich wieder gutzumachen, würde es nicht so schlimm sein, das ist klar; aber je mehr Zeit vergeht, desto größer wird der hervorgerufene Schaden. Ihr werdet einwenden: »Da ich aber genau das Gegenteil gesagt habe, ist doch jetzt alles wieder gut. – Für deine guten Worte wirst du wohl belohnt werden, für die bösen aber wirst du zahlen müssen, mit anderen Worten: Du wirst bestraft werden.« Davon habt ihr keine klare Vorstellung. Ihr alle glaubt an eine mögliche Wiedergutmachung? Es stimmt aber nicht, denn alles, was der Mensch auch tut, das Gute wie das Böse, steuert zwei unterschiedlichen Regionen zu, wird in zwei verschiedenen übereinander liegenden Schichten aufgenommen. Die ausgesprochenen Worte kann man nicht mehr zurückholen, denn sie sind schon von anderen irdischen oder überirdischen Schichten überlagert. In diesem Falle spielt der Faktor »Zeit« eine wichtige Rolle.

Nehmen wir an, ihr hättet befohlen, jemanden zu enthaupten. Die Ausführenden sind schon auf dem Wege. Wie könnt ihr das alles wieder gutmachen, wenn der Kopf schon gefallen ist? Seid ihr fähig, ihn wieder aufzusetzen? Was kann man noch tun, nachdem der Befehl schon erteilt worden ist? Einen

Gegenbefehl geben, andere Boten, geschwindere Diener nachschicken, um den Enthauptungsbefehl aufzuheben. Verfließt aber zu viel Zeit, dann ist dem nicht mehr abzuhelfen.

Das zugefügte Böse sollte so rasch wie möglich wieder gutgemacht werden, sonst setzt die Gerechtigkeit – d. h. das Karma – ein, und man muss dann für das Ganze unerbittlich und ohne Nachlass büßen. Den meisten Menschen ist das karmische Gesetz kein Begriff. Sie lassen ihre Gefühle aufwallen, sagen den einen und den anderen alles Mögliche nach... Eines schönen Tages aber klingelt drohend das Karma an die Tür: »Los, jetzt wird für alles gezahlt!« Also sollte jedes negative Wort sofort wieder gutgemacht werden. Diese Wiedergutmachung sollte nicht auf den nächsten Tag verschoben werden, denn das Wort fliegt schnell davon: Es stellt eine Kraft, eine Macht dar, die den Weltraum durchquert und bestimmte Auswirkungen verursacht.

Ihr solltet aber auch wissen, dass es eine Kraft gibt, die noch wirksamer ist als das Wort, nämlich der Gedanke; bringt ihr euer Denkvermögen unmittelbar in Gang, so wird es euch gelingen, bestimmte bedauerliche Worte wieder einzuholen. Es ist schon schwer, natürlich, weil Wort und Gedanke zu zwei unterschiedlichen Bereichen gehören. Das Wort ist der materiellen Ebene untergeordnet; es ist eine Vibration, eine Luftverlagerung; der Gedanke gehört schon dem ätherischen Bereich an. Möchtet ihr den schlimmen Folgen eurer Worte abhelfen, so solltet ihr euch konzentrieren und die Diener der unsichtbaren Welt um Hilfe anflehen, damit dieses Übel nicht zustande komme. Wenn ihr das tut, kann nicht das Ganze wieder gutgemacht werden, aber das Schlimmste wird euch wenigstens erspart bleiben. Ihr müsst aber sehr rasch und mit intensiver zielbewusster Denkkraft eingreifen, sonst ist der Ausführungsbefehl schon erteilt und ihr werdet für den angerichteten Schaden verantwortlich gemacht.

Manche Menschen bilden sich ein, eine Entschuldigung könne schon ausreichen. Nein, es stimmt nicht. Die Schäden müssen wieder gutgemacht werden, nur so kann man sich frei machen. Gut ist es schon zu sagen: »Es tut mir Leid, bitte, verzeihen Sie mir!« Es genügt aber nicht. Wer ein Geschenk bekommt, bedankt sich, aber das Wort »Danke« kommt dem Geschenk ja nicht gleich an Wert. Genauso kann das Wort »Entschuldigung« den zugefügten Schaden nicht ausgleichen. Habt ihr ein Haus in Brand gesteckt, so genügt eine Entschuldigung nicht. Ihr müsst ein neues bauen lassen. Erst dann wird euch verziehen, sonst nicht. Ihr werdet sagen: »Und wenn mir der Geschädigte schon vergeben hat?«... Nein, die Frage ist nicht so leicht zu lösen, denn Gesetz und Person sind zweierlei. Das Gesetz selbst verzeiht nicht, sondern verfolgt bis zur vollständigen Wiedergutmachung.

Wer vergeben hat, legt Edelmut und Großzügigkeit an den Tag, das ist richtig. Er wird dann frei von den Qualen und Schmerzen, die ihn in den niederen Regionen zurückhielten. Wer nicht verzeihen kann, leidet und wird sozusagen gelähmt durch den Gedanken an den Menschen, der ihm Böses angetan hat. Seine Gedanken kreisen ständig um ihn, er ist an ihn gefesselt und kommt nicht vorwärts. Wenn Jesus sagte, man solle seinen Feinden verzeihen, wollte Er auf etwas Bestimmtes hinweisen, nämlich darauf, dass der Mensch negative Gedanken und zersetzende Rachsucht nur so und auf keine andere Weise loswerden kann. Ja, dieses Gesetz ist äußerst merkwürdig. Wenn ihr jemandem vergebt, ist jedoch das Problem des Schuldigen noch nicht geklärt. Die Vergebung befreit denjenigen, der misshandelt, geschädigt, verleumdet wurde, aber nicht den Schuldigen.[2] Will dieser frei werden, dann gibt es für ihn nur einen einzigen Weg, eben den der Wiedergutmachung.

Wenn ihr jemanden diskreditiert, so geht ihm Prestige und Ehre verloren. Daraus ergeben sich widerwärtige Folgen für ihn, für seine Entwicklung. Nehmen wir an, ihr besucht ihn mit der Absicht, euch zu entschuldigen. Wenn er euch verzeiht, macht er sich natürlich frei.

Da ihr selber aber nichts wieder gutgemacht habt, erzeugen all eure üblen Nachreden – symbolisch gesprochen – noch weitere Schlangen, Tiger und Wölfe, die seine Lämmer überfallen und verschlingen, d. h. die schlimmen Folgen, die eure Worte nach sich ziehen, werden sowohl den Verwandten als den Freunden des Opfers schaden. Ihr seht es ein, so seid ihr nicht weitergekommen. Versucht, andere Worte, andere Gedanken, andere Kräfte zu finden, die den Schaden ersetzen können. Erst dann werden euch beide vergeben, der Mensch, den ihr beeinträchtigt habt und das Gesetz, das den Schaden registriert. Täuscht euch aber nicht! Alles kann man nicht mit Entschuldigungen wieder gutmachen, nein. Es stimmt schon für den Menschen, der euch vergibt und sich auf diese Weise frei macht, aber vom Standpunkt der Gerechtigkeit aus ist die Sache noch nicht erledigt.

Wie viele sind mit ihrem Schicksal unzufrieden! Sie grollen der ganzen Welt, weil das Leben schwierig für sie ist und stoßen zerstörerische Worte aus gegen die Privilegierten oder gegen diejenigen, die – ihrer Ansicht nach – für ihre Lage verantwortlich sind: Diese Worte sind mit einer Kraft erfüllt, die unbekannt sein mag aber bei den anderen Menschen Schaden stiftet.

Ihr solltet es einsehen, so etwas ist nicht erlaubt. Spürt ihr das Bedürfnis, durch eure Worte die anderen zu demütigen oder ihnen zu schaden, weil ihr euch beeinträchtigt fühlt, dann klagt und weint so lange ihr wollt, aber lasst die anderen in Ruhe, sonst wird eines Tages das Karma Rechenschaft von euch verlangen.

Jeder sollte sich also in Acht nehmen, die Gefahr solcher Tendenzen einsehen und begreifen, dass sie eigentlich nicht der Ausdruck einer Kraft sind, auf die er stolz sein kann, sondern der einer Schwäche. Ist er aber auf der Hut, versucht er diese negativen Tendenzen zu beherrschen, so wird er früher oder später die Oberhand darüber gewinnen. Bildet er sich jedoch ein, sein Benehmen sei lobenswert, dann ist es aus: Er wird sich niemals über den Sieg freuen können. Setzen wir sogar voraus, dass irgendjemand, der ihm gleicht, sich gegen ihn aufbäumt, ihm die Stirn bietet, ihn auch zugrunde richtet und dabei noch auf sein Benehmen ebenso stolz ist wie er: Sicherlich wird ihm dann die Lage nicht mehr so gerecht und bewundernswert erscheinen! Ja, so ist es. Wer laut spricht, sollte wissen, dass ein anderer immer irgendwo auftauchen kann, der noch lauter spricht. Wer grob ist, wird stets jemanden finden, der ihn übertrifft. Man sollte also vorsichtig sein, damit so etwas nicht geschehe.

Kein gesprochenes Wort bleibt ohne Folgen. Sind euch einige unrechte oder bösartige Worte entschlüpft, so solltet ihr versuchen

– sobald es euch bewusst wird – euch zu konzentrieren und diesem Menschen viel Liebe, viel Licht zukommen lassen. Aber selbst dann haben sich schon bestimmte Schäden eingestellt. Einige Zeit wird nötig sein, bis der Betroffene die Wirkung eurer wohlgesinnten Gedanken spürt. Mohammeds Worte sind ja tiefgründig: Die Federn sind davongeflogen, keiner ist im Stande, sie wieder einzusammeln. Projiziert wohltuende positive Kräfte, so werden auch die Ergebnisse wohltuend und positiv sein. Negative Kräfte werden ebenfalls negative Auswirkungen haben. Das Böse zieht Böses nach sich, und das Gute erzeugt immer etwas Gutes.

Deshalb solltet ihr jeden Tag an euch selber arbeiten, damit eure Worte einsichtig, lichtvoll und harmonisch klingen. So könnt ihr Wunder wirken, zuerst auf euch selber, dann auf die anderen und auf die gesamte Natur. Die wirkliche Magie ist nichts weiter als das starke lebendige Wort, das von Gott herstammt, das Wort, das aus der Urquelle fließt.

Von alters her haben die Eingeweihten die Macht des Wortes gekannt. Aus eben diesem Grund spielt auch die Segnung in den religiösen Riten solch beachtliche Rolle. Das Wort »segnen« bedeutet etwas Gutes sagen, Worte aussprechen, die sich günstig auswirken. Die wahrhafte Segnung ist also ein Vorgang der weißen Magie. Um ihn auszuführen, muss der Mensch natürlich Uneigennützigkeit, Lauterkeit und Selbstbeherrschung an den Tag legen. Derjenige, dem diese Segnung zuteil wird, sollte wenigstens dafür empfänglich sein und nach innerer Wandlung streben, damit er fähig werde, für das Gute mitzuwirken. Sind diese Voraussetzungen nicht erfüllt, so bleibt die Segnung wirkungslos. Trotzdem ist die Beibehaltung dieses Ritus weiterhin empfehlenswert. Lasst uns hoffen, seine tiefe Bedeutsamkeit möge eines Tages den Menschen einleuchten: Dann wird aus ihm ein wirkungsvolles Wort, eine wirksame Geste.

Gewöhnt euch auch daran, Segen zu erteilen und gütige Worte vorzubringen. Wenn ihr z. B. den Kopf, die kleinen Hände und Füße eures Kindes streichelt oder euren Geliebten umarmt, warum solltet ihr sie nicht segnen, damit sie von den Engeln aufgesucht werden und sich zu großartigen Geschöpfen entwickeln? Alles, was man berührt, sollte man segnen, die Gegenstände, die Nahrung, die Menschen. Mit Liebe und Sanftmut sollte man nicht nur die Menschen ansprechen, sondern auch die Blumen, die Vögel, die Bäume, die Tiere, denn solche Gewohnheit ist göttlichen Ursprungs.

Wer es versteht, anregende, aufmunternde Worte auszusprechen, der besitzt im eigenen Munde einen magischen Stab. Derartige Worte gehen nie verloren, denn immer ist eines der vier Naturelemente – die Erde, das Wasser, die Luft oder das Feuer – vorhanden und wacht, bis ihm die Gelegenheit geboten wird, sich an der Verwirklichung eurer Worte zu beteiligen. Diese Verwirklichung mag sich vielleicht weit entfernt von dem abspielen, der den Keim dafür gelegt hat; folglich könnt ihr sie nicht mit eigenen Augen sehen, aber zustande kommt sie doch, zweifelt nicht daran. Wie der Wind den Samen davonträgt und weit und breit verstreut, genauso fliegen eure guten Worte dahin und bringen in der weiten Ferne wunderbare Ergebnisse hervor.

Zu den Steinen, Pflanzen und Tieren kann man nicht sprechen, wenn man nicht weiß, wo ihre Entität ist. Sie befindet sich nicht auf der materiellen Ebene, wie beim Menschen. Besitzt der Mensch ein Selbstbewusstsein, dann kommt es wohl daher, dass sich seine Entität auf die materielle Ebene herabgelassen hat. Die der Tiere und der Pflanzen weilt noch jeweils auf der Astral- und Mentalebene, deswegen sind sie in ihren Manifestationen äußerst begrenzt. Was die Entität der Steine anbelangt, so ist sie noch sehr weit entfernt auf der Kausalebene. Aus diesem Grund könnte man glauben, sie wären leblos. Aber wie reduziert ihr Leben auch sei, sie leben doch. Nehmt einen Stein in eure Hand und sprecht zu ihm mit guten Worten: Sie werden sich in ihn einprägen. Den Samen, die Blumen, die Bäume solltet ihr auch ansprechen, bevor ihr sie in den Erdboden einsetzt: Sie treiben dann viel besser.

Ihr seht es ein! Im Leben gibt es immer etwas Nützliches zu tun. Immer wieder weist die Natur ihre unbegrenzte Reichhaltigkeit auf. Damit eure Worte wohltuende wirksame Ergebnisse hervorbringen, müssen selbstverständlich einige Vorschriften eingehalten werden. Habt ihr Selbstbeherrschung erlernt, seid ihr fähig, euch in einen harmonischen, geläuterten, lichtvollen Zustand zu versetzen, so wird es euch gelingen, bestimmte Kräfte und Mächte auszulösen, die sich auf die gesamte Natur auswirken. Könnt ihr das nicht, dann mögt ihr reden so viel ihr wollt, ihr werdet zu keinem Ergebnis kommen oder nur Unsinn auf sie einprägen. Das Einprägen ist eine Sache an sich, aber ob es einem gelingt, durch seine Einprägungen die Natur selbst oder das Bewusstsein der Menschen günstig, positiv zu beeinflussen, ist eine andere Sache.

Den Worten wohnt eine Macht inne. Man sollte lernen, damit umzugehen, dann wäre man in der Lage, alles um sich herum und in sich selbst umzuwandeln.[3] Wenn es euch bitterkalt ist, wenn ihr euch allein und verlassen fühlt oder den Eindruck habt, dass euch niemand liebt, sprecht das Wort »Liebe« aus – ein, zwei, zehn Mal, jeweils auf eine andere

Weise: So werdet ihr die kosmischen Kräfte in Bewegung bringen... Ihr kommt euch dann nicht mehr so einsam und verlassen vor... Habt ihr den Eindruck, von Finsternis umgeben zu sein, als wäret ihr in einen tiefen Abgrund gestürzt, dann sprecht die Worte »Weisheit« und »Licht« aus, bis sie anfangen, in all euren Zellen zu vibrieren und zu singen... Alles wird dann wieder hell... Fühlt ihr euch geplagt, eingeschränkt, verwirrt, dann solltet ihr das Wort »Freiheit« aussprechen oder »Schönheit, Wahrheit, Kraft«... Nur durch solche täglichen Praktiken kann man begreifen, was der Heilige Johannes mit den Worten meinte: »Im Anfang war das Wort.«

Anmerkungen

1. Siehe Band 320 der Reihe Broschüren »Menschliches und göttliches Wort«.
2. Siehe Band 215 der Reihe Izvor »Die wahre Lehre Christi«, Kapitel 7: »Vater vergib ihnen, denn sie wissen nicht, was sie tun«.
3. Siehe Band 229 der Reihe Izvor »Der Weg der Stille«, Kapitel 7: »Harmonie als Voraussetzung der inneren Stille«, Kapitel 8: »Die Stille, Voraussetzung für das Denken« und Kapitel 10: »Menschliches und Göttliches Wort«.

Kapitel 5

DIE TALISMANE

Teil 1

Dinge und Menschen sind, was sie sind, das ist klar. Aber durch seine Gedanken und Gefühle kann der Mensch auf sie wirken, zum Guten oder leider auch zum Bösen. Ein Magier, sei er schwarz oder weiß, ist ein Mensch, der fähig ist, ein Objekt mit Eigenschaften zu versehen, die dieses vorher nicht besaß, indem er Elemente aus der eigenen Quintessenz überträgt; dadurch wird das Objekt als solches belebt und wirkungsfähig.

Ein Gegenstand existiert also in sich selbst, damit ist jeder einverstanden. Er braucht euch nicht, um eine eigene Existenz zu haben. Seine Existenz aber ist neutral, es hängt eben von euch ab, dass er bestimmte Eigenschaften erwirbt. Übertragt ihr Liebe und Licht auf einen Gegenstand, so wird er von euren Fluiden durchdrungen. Diese sind von höherer

Beschaffenheit als seine eigenen. Er wird dann zum Talisman und wirkt sich günstig auf euch selbst und auf alle in seiner Umgebung aus.

Das Wort Talisman ist vom griechischen »Telesma« abgeleitet. Dieser Terminus wird von Hermes Trismegistos selbst verwendet, wenn er von der »Kraft aller Kräfte« spricht: »Die Sonne ist ihr Vater, der Mond ihre Mutter. Der Wind hat sie in seinem Bauch getragen und die Erde ist ihre Amme.« Ein Talisman ist also ein Gegenstand (Stein, Blume, Insekt, Ring, Armband usw.), dem eine besondere Kraft innewohnt. Diese Kraft wurde ihm von der Natur selber übertragen oder von einem psychisch hoch entwickelten Menschen. Derjenige allein, der es versteht, sich mit »der Kraft aller Kräfte«, mit dem Höchsten Wesen, mit dem Schöpfer Selber zu vereinigen, vermag wirkungsvolle, effiziente Talismane zustande zu bringen.

Die Tugenden, die mit einem Gegenstand verbunden sind, könnt ihr – jeder auf eigenem Niveau – durch eure Gedanken und Liebe verstärken, unterstützen.[1] Das Ziel des menschlichen Lebens ist, schöpferisch zu werden wie Gott Selber. Die Natur existiert wie die Wesen und die Objekte, das ist klar. Erschaffen können wir diese nicht, wir vermögen aber doch, ihnen etwas hinzuzufügen, so dass ihr Leben stärker, lichtvoller, geläutert werde. So können viele Gegenstände im Leben eben zu Talismanen werden.

Selbstverständlich gibt es auch negative Talismane, die von schwarzen Magiern gemacht wurden oder Objekte, die mit dämonischen Kräften geladen sind. Diese werden bestimmten Menschen mit der Absicht zugeschickt, ihnen zu schaden, ihre Gesundheit zugrunde zu richten oder Unfälle und Familienzwist zu verursachen. Wir werden uns hier aber ausschließlich mit heilbringenden Talismanen befassen.

Heutzutage ist leider der Sinn für das Heilige dermaßen verloren gegangen, dass Talismane sogar auf Märkten und Messen auftauchen: Es wird wertloses, buntes Zeug verkauft, mit den Tierkreiszeichen verziert. Dabei wird sogar behauptet, es wären schützende Talismane sondergleichen, die zum Erfolg führen und mit den kosmischen Mächten verbinden. Das alles ist Schwindel! Wer einen Talisman herstellen will, muss über die Gesetze der Affinität Bescheid wissen, denn auf solchen Gesetzen beruhen eben die Beziehungen zwischen den materiellen Objekten und den Gestirnen, den bestehenden Kräften, den unsichtbaren Wesenheiten. Ein Gegenstand kann bestimmte Kräfte in sich aufnehmen und bewahren. Diese Kräfte hängen aber von den Metallen ab, die für seine Herstellung dienten und von den Merkmalen und Schriftzeichen, die darauf eingeprägt wurden. Das weiß der Magier, wenn er einen Gegenstand zu einem bestimmten

Zweck fertig stellt. Er bringt den Talisman mit unsichtbaren Wesenheiten in Verbindung: Auf diese Weise wird aus ihm eine unerschöpfliche Quelle guter oder schlechter, harmonischer oder disharmonischer Einflüsse. Der weiße Magier stellt nur Talismane her, die dazu geeignet sind, die allerbesten Einflüsse auszuüben.

In Wirklichkeit entspricht die Arbeit des Magiers derjenigen der Natur selbst. Die Natur versorgt alle lebendigen Wesen mit einer besonderen Quintessenz, die dann in ihnen zur Verfügung steht. Der Magier tut genau dasselbe. Ja, denn es ist möglich, diese natürlichen Energien, die überall vorhanden sind, zu verwenden. Die Gesetze muss man jedoch kennen, und man darf diese Energien überhaupt nie zu einem persönlichen Zweck gebrauchen.

Wirkliche Talismane kann also nicht der erste Beste herstellen. Absolute Lauterkeit und Selbstlosigkeit sind erforderlich, denn die Lauterkeit einzig und allein gibt einem die Möglichkeit, auf Menschen und Objekte erfolgreich einzuwirken. Die meisten, die sich mit der Herstellung eines Talismans befassen, haben nicht die geringste Ahnung: Sie rufen Wesenheiten herbei und halten sie an dem Gegenstand fest, damit dieser eine bestimmte Mission erfülle. Diese Menschen wissen aber nicht, dass diese unsichtbaren Wesenheiten später einmal eine Bezahlung verlangen. Als

Diener ruft man sie herbei; schon gut, aber dafür fordern sie ernährt zu werden; reichen dann die Nahrungsmittel aus, um sie zufrieden zu stellen?

Wie steht es oft mit demjenigen, der einen Talisman bei sich tragen möchte? Stellt euch einen heftigen und ehrgeizigen König vor, der – um seine Feinde zu bekämpfen – ein mächtiges Heer aufzustellen wünscht und Söldner anwirbt. Mit solch einem König fühlen sich diese Söldner wirklich nicht verbunden, sie bleiben weiterhin Fremde, ohne Zuneigung zu ihm; ihnen geht es nur um ihren Sold. Durch die Besoldung fühlen sie sich gezwungen, im Dienste eines tugendlosen Herrschers zu bleiben, und deswegen sind sie von einem gewissen Groll ihm gegenüber erfüllt. Wenn der König eine Kampagne gegen ein entferntes Land unternimmt, kommt es vor, dass die Söldner ihn im Stich lassen: Bald werden sie der ständigen Anstrengungen für einen unbeliebten König überdrüssig sein und ihn verlassen. Der König selbst kann es nicht fassen, warum sein Heer ihn nicht mehr schützt. Hätte seine Armee nicht aus Söldnertruppen bestanden, sondern aus Untertanen, die ihm aus Liebe und Ehrfurcht zugeneigt sind, dann wäre er mit großem Eifer und grenzenloser Treue unterstützt worden.

Wisst ihr, warum die Menschen sich Talismane wünschen? Meistens um zu Erfolg und Macht zu gelangen. Dann gleichen sie diesem

König, der Söldnertruppen unterhält: Um den Talisman herzustellen, wenden sie Gewalt an, zwingen bestimmte Wesenheiten der unsichtbaren Welt, ihnen zu Diensten zu stehen. Hinter dem Wunsch, sich einen Talisman anzueignen, steckt meistens Ehrgeiz und Trägheit. Da man erfolgreich sein will und sich schützen möchte, sagt man sich: »Besitze ich einmal einen Talisman, dann kann ich ruhig schlafen, andere werden schon an meiner Stelle wachen.« So versucht man, die eigenen Wünsche ohne Anstrengung zu erreichen. Man hört mit der Arbeit und dem Studium auf, stellt sich keine Fragen mehr, verzichtet aufs Beten und Meditieren und verlässt sich nun völlig auf die Macht des Talismans. Natürlich gibt es Ausnahmen. Aber im Allgemeinen suchen die Menschen, die Talismane gebrauchen, den Schutz nicht in sich selber, sondern außerhalb. Sie werben Söldner an, ohne in sich die Tugenden zu entwickeln, die später zu ihrem Schutz beitragen könnten. Deswegen verliert der Talisman – so mächtig er auch sein mag – allmählich seine Kraft.

Zum Beispiel hat jemand einen ehrlichen spirituellen Plan. Er bringt einen Talisman zustande und stellt bald fest, dass er diesem günstige Eingebungen zu verdanken hat. Dadurch werden sein Glaube, seine Hoffnung, seine Inbrunst verstärkt. Solange er so lebt, indem er sich weiterhin bemüht, Güte,

Lauterkeit und wirkliche Spiritualität an den Tag zu legen, strahlt er etwas Subtiles aus. Dieses subtile Element ist eben eine wirkliche Nahrung für die unsichtbaren Wesenheiten, die zur Herstellung des Talismans herbeigerufen worden sind. Solange sie ernährt werden, sind sie zufrieden und stehen dem Besitzer des Talismans weiterhin zu Diensten. Lässt aber dieser von seinen guten Plänen ab, nehmen seine Gedanken und Gefühle eine andere Richtung, dann werden die Wesenheiten der unsichtbaren Welt, die ihm dienten, nicht mehr ernährt und verlassen ihn. Der Mensch gelangt zu der Feststellung, dass dem Talisman, der vorher so wirksam war, überhaupt keine Kraft mehr innewohnt, eben weil er die spirituellen Wesenheiten, die mit dem Talisman verbunden waren, nicht mehr durch geläuterte, erhabene Gedanken ernährt. Der Talisman stirbt, wenn diese Wesenheiten ihn verlassen. Übrigens ist es genauso mit Steinen oder Gegenständen, die zuerst voller Leben waren und jetzt abgestorben sind. Wer ein zügelloses Leben führt und dabei glaubt, sich auf einen Talisman weiterhin verlassen zu können, täuscht sich. Unter solchen Umständen vermag ihn ein Talisman nicht mehr zu unterstützen. Auf seine Kraft kann man sich nur verlassen, wenn man in psychischem und harmonischem Einklang mit dem steht, was er darstellt, mit den Kräften und Tugenden, die ihn kennzeichnen.

Ein Talisman ist nur dann wahrhaft mächtig und wirksam, wenn ihr ihn mit eurem eigenen Leben unterstützt. Ist er mit Lauterkeit durchdrungen, dann müsst auch ihr ein entsprechendes Leben führen, damit er sich weiterhin so auswirkt. Ist er mit Licht durchflutet, so müsst auch ihr das Licht ernähren. Ist er mit Kraft erfüllt, so müsst auch ihr wachsam sein und diese Kraft selbst fördern usw., sonst wird das, was einerseits aufgebaut wird, anderseits zugrunde gerichtet, genauso wie in diesen Märchen, wo die bösen Geister nachts die Arbeit vernichten, die der junge Prinz oder der schöne Ritter tagsüber ausgeführt hat. Es gibt nur eine einzige Möglichkeit, um Ergebnisse zu erreichen, nämlich die Beschaffenheit des eigenen Lebens klar vor Augen zu haben und zu versuchen, sie immer wieder, immer weiter zu verfeinern, zu veredeln. Das sollte man nie vergessen.[2]

Im spirituellen Leben kann sich kein äußeres Mittel auf dauerhafte Weise auswirken, wenn der Mensch kein geläutertes sinnvolles Leben führt. Diese Grundwahrheiten werden die Menschen leider nicht gelehrt, folglich täuschen sie sich weiter. Da Jesus sie durch das Opfer seines Lebens am Kreuz gerettet hat, bilden sie sich ein, dieses Symbol schütze sie, deswegen tragen sie Kreuze. Es stimmt leider nicht. Jeden Tag sieht man Leute, die mit einem Kreuz um den Hals herumgehen, ohne aus ihren erbärmlichen Zuständen herauszukommen. Warum hat sie denn das Kreuz nicht erlöst? Eben weil dieses innerlich zu tragen ist, in einer anderen Form, d. h. in Form von guten Eigenschaften und Tugenden. Nur unter diesen Voraussetzungen übt das Kreuz eine effiziente, heilbringende, magische Wirkung aus. Ein Kreuz – sei es aus Gold, aus Elfenbein oder aus irgendeinem anderen Material – könnt ihr wohl tragen, es kann aber überhaupt nichts für euch tun. Wenn ihr dieses Kreuz aber mit eurem Glauben, eurer Liebe unterstützt, euch dadurch mit Christus verbindet, um euer Leben zu wandeln, dann kann ihm eine außerordentliche Kraft innewohnen.[3]

Dieses Gesetz bezieht sich auch auf die heiligen Stätten. Es gibt auf der Erde bestimmte Orte, die zu wirklichen Talismanen geworden sind, weil Heilige, Eingeweihte dort gelebt, gewirkt und geläuterte lichtvolle Prägungen hinterlassen haben. Es mag sogar vorkommen, dass dort dank diesen Einprägungen Wunder geschehen: Manche Menschen werden geheilt, anderen Offenbarungen vergönnt, die ihr ganzes Leben verwandeln. Damit solche Stätten ihre magische Ausstrahlungskraft bewahren, muss mit größter Wachsamkeit dafür gesorgt werden, dass die Lauterkeit ihrer Atmosphäre nicht verloren gehe. Wie heilig ein Ort auch sein mag, wie rein und lichtvoll die Einprägungen auf den Wänden und Gegenständen auch seien, alles wird verschwinden, wenn dieser Ort dem Kommen und Gehen bestimmter Leute ausgesetzt ist, denn diese Menschen sind – der Beschaffenheit ihrer Gedanken und Gefühle zufolge – von dunklen Wesenheiten bewohnt. Aus diesem Grund sollte man schon wachsam sein: Zeigen die Menschen ihrer Verfassung gemäß keine Ehrfurcht vor den Stätten, die durch die Anwesenheit eines erleuchteten Wesens zum Heiligtum geworden sind, dann werden die unsichtbaren Bewohner, die zu ihrer Hilfe bereit waren, andere Orte aufsuchen, an welchen sie sich auf günstigere Weise manifestieren können.

Da sie nach der Geburt über die Taufe gehalten worden sind, bilden sich viele Menschen ein, Schutz und Schirm wäre ihnen bis ans Lebensende gewährt! Sie täuschen sich. Sie sind getauft worden, das stimmt schon. Die boshaften Geister aber werden sich weiter an sie heranwagen, denn sie lassen sich nicht von dem bisschen Taufwasser und heiligem Öl einschüchtern, das die Täuflinge auf die Stirn bekamen. Die Teufel fürchten sich nicht. Sie dringen in sie ein, denn sie werden von der Taufe überhaupt nicht beeindruckt. Wie alle anderen Sakramente ist die Taufe ein Talisman. Bemüht sich der Getaufte nicht, sein Leben lang die Wirkungen der Taufe in sich weiter zu entfalten und nachklingen zu lassen, dann verschwindet bald jede Spur.[4] Ihr werdet getauft und von euren Sünden erlöst, schon gut! Aber das, was euch während der Taufe anvertraut war, solltet ihr euer Leben lang weiter unterstützen. Jeden Tag solltet ihr ganz bewusst, aus der Tiefe eures Herzens, eurer Seele nach immer mehr Lauterkeit streben. Bestimmte Menschen sind so stolz und derart mit sich zufrieden, weil sie einmal getauft wurden, dass sie sich sogar einbilden, sie hätten so den Höhepunkt erreicht und es gäbe überhaupt keine Bedürfnisse mehr zu befriedigen. Lebt man aber in ihrer Nähe, so muss man schon feststellen, dass sie genau die gleichen Bedürfnisse haben – wenn nicht noch schlimmere – wie diejenigen, die nie getauft wurden!

Aber versucht einmal, den Christen so etwas klar zu machen! Unendliche Dickköpfe sind sie! Sie glauben felsenfest an die absolute Wirksamkeit der Taufgelübde, genauso wie sie sich in dem Glauben verfangen, Jesus hätte sie durch das Opfer seines Blutes ein für alle Mal erlöst.[5] Nun, so ist es aber nicht, sie mögen alle wohl getauft sein, Kreuze oder Medaillen tragen, Weihkerzen anzünden oder den Rosenkranz beten. In Wirklichkeit, solange sie selbst nichts tun, um Jesu Beispiel nahe zu kommen, ist überhaupt keine Erlösung zu erhoffen, all diese Praktiken grenzen ans Lächerliche.

Das Tragen von Talismanen, Kreuzen oder Medaillen, der Besuch der heiligen Stätten, das Empfangen der Sakramente können sich wohl sehr günstig für eure Entwicklung erweisen. Verlasst euch aber nicht darauf, das alles wird euch nicht erlösen, wenn ihr selbst nichts tut. Euch selber steht es zu, Tag für Tag durch eure Verfassung, durch eure eigenen Gedanken und Gefühle die Talismane immer von neuem zu beleben, damit sie sich weiterhin günstig und heilsam auf euch auswirken.

Anmerkungen

1. Siehe Band 223 der Reihe Izvor »Geistiges und künstlerisches Schaffen«.
2. Siehe Band 315 der Reihe Broschüren »Die Quelle des Lebens«.
3. Siehe Band 218 der Reihe Izvor »Die geometrischen Figuren und ihre Sprache«, Kapitel 6: »Das Kreuz«.
4. Siehe Band 7 der Reihe Gesamtwerke »Die Reinheit, Grundlage geistiger Kraft«, Kapitel 4, Teil 4: »Die Reinheit in den drei Welten«.
5. Siehe Band 240 der Reihe Izvor »Söhne und Töchter Gottes«, Kapitel 11: »Das Opfer von Jesus am Kreuz: Die Kräfte des Blutes«.

Teil 2

Es steht geschrieben, Gott habe den Menschen nach Seinem Ebenbild geschaffen. Auch in sich selbst bringt der Mensch ein Bild Gottes zustande. Insofern er sich bemüht, an Ihn heranzukommen und ein wahrheitsgetreues Bild von Ihm zu gestalten, wirkt dieses Bild als Empfänger und Kondensator der göttlichen Kräfte.[1]

Talismane sind ebenfalls Empfänger und Kondensatoren von Kräften, spielen dieselbe Rolle wie ein elektrischer Kondensator: Eine gute oder schlechte Energie wird in ein Objekt eingeführt und verdichtet. Sie wird allmählich frei. Dabei erzeugt sie die Wirkungen, die man mit ihrer Kondensierung erzielen wollte. Dieses Verfahren wird aber auch auf der psychischen Ebene nachvollziehbar, anders gesagt: In euch könnt ihr ein Bild gestalten und es durch eure Gedanken, eure Liebe, euren Willen unterstützen, ernähren, beleben. Dieses Bild wirkt sich dann nach und nach auf eure gesamten subtilen Körper aus, bis es sogar neue Vibrationen in all euren Zellen erzeugt. So ist es möglich, in euch das Bild von einem großen Meister, von Christus oder sogar von Gott Selber zu gestalten: Ihr könnt euch auf seine Weisheit, seine Liebe, seine Macht, seine Vollkommenheit konzentrieren. Betrachtet ihr dieses Bild als etwas Kostbares, so werdet ihr bald seine Nachwirkungen zu spüren bekommen.

Wozu nützt denn der Glaube an Gott, wenn sich keine Wirkung daraus ergibt, wenn keine Umwandlung auftritt? Jemand sagt, er sei ein Gläubiger, er glaube an Gott. Schon gut, aber es geht daraus keine gute Wirkung hervor. Wie kommt es, dass der Herr sich durch dieses Wesen so schwach, so nutzlos, so unwirksam manifestiert? Wenn Er ihm nichts bringt, lohnt es sich nicht, an Ihn zu glauben. Einerseits haben die Atheisten schon Recht, die Existenz Gottes zu bezweifeln: Stellen sie einmal fest, zu welch üblen Ergebnissen der Glaube solcher Menschen führt, dann schließen sie daraus, jeder könne sich im Leben ebenso gut ohne Gott durchschlagen.

An Gott zu glauben reicht also nicht aus.[2] Sein Bild solltet ihr in euch selbst beleben, euch öfters darauf konzentrieren, es mit eurer Quintessenz umhüllen und durchfluten. Erst dann wird sich dieses Bild magisch auswirken wie ein Talisman, euch führen, beschützen, erleuchten. Ihr seid gerade im Begriff, einen Irrtum zu begehen oder vom Wege abzukommen, da taucht das Bild auf und ihr seid gerettet.

Die Magie entspricht eigentlich einer anderen Form der Physik. Ich habe es schon erwähnt. Verwendet ein Magier einen Talisman zu seinem Schutz, so ist das ein Beweis, dass er die Gesetze kennt. Im Kriege hatten sich die Menschen daran gewöhnt, Papierstreifen auf die Fensterscheiben zu kleben, um sich vor dem Druck der Explosionen zu schützen. So zerbrachen die Scheiben nicht. Wer nicht gewusst hätte, dass es sich hier um die Anwendung eines physikalischen Gesetzes handelt, hätte wohl meinen können, es gehe nicht mit rechten Dingen zu!

Versuchen wir nun, dieses Phänomen auf ein anderes Gebiet zu übertragen. Der Überfall von schlechten Gedanken und Gefühlen entspricht etwa einem Bombenangriff. Passt auf, sonst zerbrechen bald eure »Scheiben«. Wenn ihr aber versucht, Papierstreifen darauf zu kleben, mit anderen Worten: Wenn ihr das Bild von einem Heiligen, einem Propheten oder von Christus besitzt, es wirklich verehrt und innig liebt, dann widersetzt sich dieses Bild allen schädlichen Vibrationen und ihr selber haltet durch. Das ist ganz einfach. Die Menschen sind aber nicht aufgeschlossen genug, um zuzugeben, dass derartige Phänomene auf denselben Gesetzen basieren. Durch die eigenen Vibrationen schlägt ein Talisman andersartige, entgegengesetzte Vibrationen zurück. Gleichzeitig zieht er aber, dem Gesetz der Affinität zufolge, die ihm entsprechenden Vibrationen an.

In der Christenheit hat es immer Mystiker gegeben, die das Antlitz Christi anbeteten: Sie betrachteten es als einen Talisman, der sie erleuchten und vor Unbill und Unsegen aller Art schützen konnte. Die Antlitze berühmter Heiliger sind ebenfalls wirksame Talismane, die beim Volk noch in Gebrauch sind. Das Betrachten des Antlitzes Christi oder bestimmter Heiliger bringt viel größere Vorteile ein als die bloße Anwendung von Talismanen, die in Spezialgeschäften angeboten werden: Denn es ist unmöglich, mit Sicherheit herauszubekommen, ob die darauf geprägten Zeichen wirklich wirksam sind oder nicht. Möchtet ihr euch einmal einen Talisman aneignen, so wählt euch das Antlitz eines mächtigen Wesens aus, das mit Lauterkeit, Gerechtigkeit und Weisheit vertraut ist, also das Antlitz eines wirklichen Kindes Gottes und betrachtet es immer wieder, dann werdet ihr in guter Obhut sein.

In Tibet zeigt man den Adepten, wie sie durch die Statuette einer Gottheit wirken können. Durch Konzentrationsübungen und das

Rezitieren magischer Formeln lernen sie, ihre Vitalität in diese Statuette einzuprägen, bis die Gottheit selbst ihr wirklich innewohnt. Dann kommt der Adept mit ihr in Kontakt, nimmt ihre Hilfe und Ratschläge in sich auf.

Einmal habe ich die Wirksamkeit einer solchen Methode prüfen wollen. Sie bringt schon erstaunliche Wirkungen hervor. Ich schlage jedoch eine bessere vor: Statt die Gesamtheit seiner Kräfte für die Einprägung einer Statuette einzusetzen, sollte man sich z. B. lieber auf die Sonne konzentrieren. Ist sie nicht lebendiger als eine Statuette?... Wendet ihr jahrelang eure Blicke, eure Gedanken, eure Liebe der Sonne zu, so werdet nicht ihr selber die Sonne beleben (das braucht sie nicht, das ist klar), sondern umgekehrt: Die Sonne selbst wird euch dann mit ihrem eigenen Leben erfüllen, und das ist um vieles besser!

Es ist also empfehlenswert, die Objekte mit guten positiven Vibrationen zu prägen. Die gesamte spirituelle Arbeit geht aber weit darüber hinaus. So günstig sich dieses Objekt auf euer Wesen auswirken mag, es bleibt ihm doch weiterhin fremd, und die ganze Vitalität, die ihr ihm zukommen lasst, geht verloren, gehört euch nicht mehr. Dieses Objekt oder jene Statuette lebt dann ihr eigenes Leben; aus euch heraus schöpft sie ihre Nahrung. Ihr ernährt also einen anderen neben euch, den ihr wohl verlieren könnt. Ist es nicht vorteilhafter, euch selber durch die Sonne, das Symbol Christi, anregen und beleben zu lassen? Eure Kräfte stehen euch dann weiterhin zur Verfügung und werden von der Sonne immer wieder erneuert.

Mit der weißen Magie ist im Leben alles möglich. Statt euch auf die Belebung von Gegenständen zu beschränken, denkt an euch selber, damit auch ihr belebt werdet. Denn ihr selber seid doch das wichtigste »Objekt« von allen. Ja, freilich! Auch ihr werdet dann zu einem Talisman: »Aber wie ist das möglich? Talismane – werdet ihr einwenden – sind doch Objekte!« Selbstverständlich, aber schaut her: Jemand wird in einem Betrieb angestellt. Von nun an gehen die Geschäfte flau, die Anzahl der Kunden wird immer geringer usw. Dieser Angestellte wirkt also wie ein Unheil bringender »Talisman«. Überall in den Familien, in den Betrieben, in den Institutionen, in den Regierungen mögen wohl derartige »Talismane« mitwirken: Das, was aufzubauen war, richten sie zugrunde. Anderseits gibt es auch Menschen, die überall Erfolg und wirtschaftlichen Aufschwung mit sich bringen. Wie auf allen anderen Gebieten tauchen auch unter den Menschen Talismane auf, die Glück und Unheil auslösen. Euch steht es also zu, alle Methoden, die ich euch anbiete, anzuwenden, um euer Wesen anzuregen, zu läutern und zu beleben. So wird aus euch ein prachtvoller Talisman:

Dann könnt ihr negative Wesenheiten, destruktive Strömungen abwehren und allen Wesen in eurer Umgebung Schutz verleihen.

Anmerkungen

1. Siehe Band 238 der Reihe Izvor »Der Glaube versetzt Berge«, Kapitel 8: »Unsere göttliche Abstammung« und Kapitel 9: »Der Beweis für die Existenz Gottes ist in uns«.
2. Siehe Band 238 der Reihe Izvor »Der Glaube versetzt Berge«, Kapitel 3: »Wahrer Glaube und persönliche Überzeugung«.

Kapitel 6

ÜBER DIE ZAHL 13

Es wird oft behauptet, dreizehn sei eine Unheil bringende Zahl, besonders wenn dreizehn Personen zusammen bei Tisch sitzen. Manche mögen sich fragen, was sie davon halten sollen. Allerlei diesbezügliche Berichte, die ihnen zu Ohren gekommen sind, verwirren sie nur.

Um zu begreifen, warum die Zahl dreizehn als unheilvoll gilt, sollte man vor allem die Zahl zwölf in Betracht ziehen. Ein Tag ist in zweimal zwölf Stunden aufgeteilt, ein Jahr in zwölf Monate, der Tierkreis in zwölf Zeichen. In der Heiligen Schrift tritt die Zahl zwölf öfters auf. Die zwölf Söhne Jakobs haben die zwölf Stämme Israels gegründet.[1] Diese zwölf Stämme waren auf dem Pektorale des Hohen Priesters Aaron, des Bruders von Moses, veranschaulicht. Das himmlische Jerusalem der Apokalypse beruht auf einer Grundlage von zwölf Edelsteinen. Seine Stadtmauer hat zwölf Tore, die durch zwölf Perlen dargestellt sind.[2]

Zwölf ist also eine Zahl, die etwas Vollendetes, in sich Geschlossenes symbolisiert: einen Tag, ein Jahr, ein Volk, eine Stadt. Die Zahl dreizehn besteht aus der Zahl zwölf plus eins. Diese hinzugefügte Eins gehört nicht zum Ganzen, sondern steht da wie ein fremdes Element. Wenn dieses Element nicht geläutert ist, nicht mit der Gesamtheit harmoniert, dann wird das Ganze gefährdet. Deswegen wird die Zahl dreizehn als eine schwierige Zahl betrachtet, die mit Prüfungen, sogar mit dem Tod verbunden ist. Übrigens ist die dreizehnte Karte des Tarot die des Todes.

Nun kann man auch sagen, die Eins, die der Zwölf hinzugefügt wird, sei der Beginn eines neuen Zyklus, einer neuen Einheit. In der Esoterik wird der Tod niemals als endgültiges Ende angesehen, sondern als der Beginn eines neuen Lebens. Die Dreizehn ist also keine Unheil bringende Zahl. Nur erträgt sie es nicht, Unreinlichkeiten und Disharmonie mit einzubeziehen. Und da sie auch sehr aktiv und sehr dynamisch ist, kann diese Zahl Menschen zum Wanken bringen, wenn sie die weiblichen Eigenschaften (Güte, Liebe, Sanftmut) nicht besitzen, um den Einfluss der Zahl auszugleichen.

Auf der materiellen Ebene ist die Zahl dreizehn mit dem Kreuz (1 + 3 = 4), also mit dem Leiden verbunden. Das Kreuz ist das Ergebnis der Auseinanderfaltung eines Würfels in den zweidimensionalen Raum, und der Würfel selbst die schematische Darstellung eines Gefängnisses.[3]

Wirkt sich aber die Zahl dreizehn auf die Menschen ungünstig aus, so liegt das nicht an ihr, sondern an der persönlichen Eigenart, mit der jeder Mensch ihren Einfluss und die ihn umgebenden Einflüsse in sich aufnimmt. Das trifft übrigens auch für das Wasser, die Luft, das Licht und sogar für die Nahrung zu: Jede Kreatur empfängt sie auf ihre eigene Art und Weise, die ihrer Gesundheit, Struktur, Entwicklung und geistigen Erhebung entspricht. Manche werden dadurch stimuliert, einige erkranken, andere fangen an, darüber nachzudenken.

Die Zahlen – wie viele Dinge im Leben – sind an sich neutral. Ihre unterschiedlichen Auswirkungen hängen von den Menschen selber ab. Für einen Eingeweihten, der sich darauf versteht, alles umzuwandeln, wirkt sich diese Zahl sehr vorteilhaft aus. Andere Menschen hingegen werden dadurch abgestoßen. Die Zahl dreizehn reinigt, läutert. Wer diesem Läuterungsprozess nicht standhalten kann, wird verstoßen und eliminiert. Daher ist es besser für ihn, dieser Zahl auszuweichen, ganz besonders bei Tisch. Das Seltsame dabei ist, dass das Missgeschick, die Unfälle, die sich dann zutragen, öfters den jüngsten der Anwesenden treffen, der sogar daran sterben kann. Ja, ich selbst habe solchen Begebenheiten beigewohnt, hier geht es nicht um Aberglauben.

Sollte man jede einzelne Überlieferung erforschen, die den Menschen dieses oder jenes raten – oder davon abraten –, könnte man mehrere Bücher schreiben; denn jedes einzelne Land hat eine eigene Tradition, besonders die Naturvölker mit der Fülle ihrer Sitten und Gebräuche anlässlich der Heirat, der Geburt, der Pubertätsriten usw. Dank ihrer Hellsichtigkeit, ihrer »Medialität«, ihrer Verbundenheit mit den Wesenheiten der unsichtbaren Welt mögen sie wohl auf manchen Gebieten Recht haben. Wollte man aber all diese Anleitungen berücksichtigen, wäre man in seiner Handlungsweise so begrenzt, dass man überhaupt nichts mehr zustande brächte.

Wie steht es nun mit der Astrologie? Dem Rat der Astrologen zufolge sollte man diese oder jene Arbeit zu einer bestimmten Zeit tun – sei es tags oder nachts – denn eben zu diesem Zeitpunkt stellt ihr die Verbindung mit einem bestimmten Planeten her, einem Geist oder einem planetarischen Genius. An die Astrologie glaube ich schon, denn seit Jahrtausenden haben sich zahlreiche sehr intelligente und tiefsinnige Menschen damit auseinander gesetzt. Im täglichen Leben, im Alltag kann man sich aber unmöglich darauf beschränken: Ist jemand krank oder in Not, so kann man doch – um ihm das Leben zu retten – keineswegs eine günstige Stunde, den richtigen Monat oder das aussichtsvollste Jahr abwarten.

Wenn jemand sich aufrichtig zum Guten entschließt, wirkt sich jeder Zeitpunkt günstig aus. In den meisten Fällen hängen aber die erfolgreichen Aussichten mit der erreichten Entwicklungsstufe zusammen. Greifen wir ein Beispiel aus dem alltäglichen Leben heraus: Ihr habt ein Anliegen vorzubringen. Wenn ihr den Direktor oder den Minister nicht persönlich kennt, werdet ihr von einem Büro ins andere geschickt: Vielleicht geht ihr sogar leer aus. Steht ihr aber in persönlicher Beziehung mit dem Direktor, seid ihr mit ihm befreundet, so habt ihr direkten Zutritt, um euer Gesuch an ihn zu richten; dieses wird euch auf der Stelle gewährt. Für euch gilt keine Vorschrift mehr, ihr braucht nicht stundenlang im Vorzimmer zu warten. Mit dem spirituellen Leben steht es genauso: Alles hängt von eurem innerlichen Zustand ab.

Ist der Himmel bewölkt, so dringt die Sonne nicht durch, ihr seid gezwungen, ein Mittel zu finden, um Wärme und Licht zu erzeugen. Bildet euch ein, ihr schwebtet über den Wolken: Da oben strahlt die Sonne, ihr braucht euch keine Sorgen mehr zu machen. Oberhalb der Wolken sind die Voraussetzungen anders: Ihr befindet euch in einer Region, wo ganz andersartige Kräfte und Energien wirken.

Das ist natürlich symbolisch zu deuten: Steht man der Materie zu nah, so ist man dauernd an verschiedene zu erfüllende Vorschriften und Bedingungen gebunden. Ist man in der Lage, sich etwas höher hinaufzuschwingen, bis in den Bereich des Geistes, dann fallen die Vorschriften von selbst weg.

Kommen wir aber auf die Zahlen zurück. Es gibt eine Wissenschaft der Zahlenkombination. Diejenigen, die damit vertraut sind, wenden sie manchmal zur Vernichtung oder zum Schaden anderer Mitmenschen an. Außerhalb einer Kombination sind die Grundzahlen 0, 1, 2, 3, 4, 5, 6, 7, 8, 9 an sich weder gut noch schlecht. Bringt man sie aber in eine bestimmte Kombination, dann wird es möglich, Zahlen zu bilden, die sich entweder zerstörend und Unheil bringend oder günstig und heilsam auswirken. Ihr braucht nur eine Zahl auf jemandes Tür zu zeichnen oder ihm zu raten, eine bestimmte Zahl bei sich zu tragen, so wendet sich gleich alles zum Guten oder zum Schlechten. Ich glaube daran, weil ich es festgestellt habe: Zahlen sind Kräfte. Was die Zahl dreizehn betrifft, so bringt sie dem einen Erfolg und dem anderen Unglück. Ist die Zahl dreizehn daran Schuld? Nein, sicher nicht. Alles hängt mit der Beschaffenheit eures Wesens zusammen, mit dem Gebrauch, den ihr von dieser Zahl macht.

Ihr werdet fragen: »Aber warum wirkt sich denn im Alltagsleben der Einfluss der Zahlen nicht stärker auf uns aus? Einfach, weil wir von ihnen zu weit entfernt sind. Unter allen uns bekannten Realitäten stellen die Zahlen die größte Abstraktion dar. Auf greifbare Realitäten reagieren wir sofort, z. B. auf die Wärme, die Kälte, den Geschmack von Speisen, den Duft der Blumen, auf die Töne, die Farben, die Formen usw. Die Zahlen aber sind entrückte Realitäten von solcher Subtilität, dass sie für uns unerreichbar bleiben. Deswegen haben sie keine Wirkung auf uns. Versuchen wir aber, uns ihnen auf spiritueller Ebene zu nähern, so werden wir ihres unmittelbaren Einflusses gewahr. Es ist wie mit Gerüchen und Tönen: Seid ihr zu weit entfernt, dann gelangen sie nicht bis zu euch. Kommt ihr aber näher, so seid ihr erschrocken oder werdet ins Paradies versetzt.

In ihrem Prinzip, in ihrer Essenz bleiben die Zahlen sehr weit von uns entfernt. Jedoch sind die Flüsse, die Bäume, die Berge nichts anderes als Zahlen, als materialisierte Zahlen.

Geht man einmal dieser Problematik auf den Grund, dann stellt sich Folgendes heraus: Außer den Zahlen existiert überhaupt nichts. Alles ist Zahl. Die Natur, das gesamte Universum sind auf den Zahlen aufgebaut. Sie sind jedoch dermaßen verhüllt, dass man sie weder hört, noch spürt, noch begreift. Man sollte an sie heranzukommen versuchen, sich in sie einfühlen. Erst dann wird es uns vergönnt sein, ihre Sprache zu begreifen, ihren Gesang zu hören und ihren Duft zu spüren... Zweifellos geht das Ganze noch über euer Begriffsvermögen hinaus, für mich aber ist es so. Ich bin dessen sicher, weil ich es erfahren und erlebt habe.

Anmerkungen

1. Siehe Band 220 der Reihe Izvor »Der Tierkreis, Schlüssel zu Mensch und Kosmos«, Kapitel 10: »Der Stein der Weisen: Sonne, Mond und Merkur«.
2. Siehe Band 216 der Reihe Izvor »Geheimnisse aus dem Buch der Natur«, Kapitel 11, Teil 2: »Das neue Jerusalem«.
3. Siehe Band 218 der Reihe Izvor »Die geometrischen Figuren und ihre Sprache«, Kapitel 6: »Das Kreuz«.

Kapitel 7

DER MOND, GESTIRN DER MAGIE

Auf dem Gebiet der Magie spielt der Mond eine höchst wichtige Rolle. Erstens, weil die Magier seine unterschiedlichen Phasen (ab- und zunehmender Mond, Voll- und Neumond) in ihren Verrichtungen berücksichtigen. Zweitens, weil sie oft während dieser Verrichtungen den Mond selbst und die in ihm wohnenden Wesenheiten beschwören.

Der Mond ist das Gestirn sowohl der weißen als auch der schwarzen Magie. Diesen doppelseitigen Aspekt des Mondes – rein und trüb, wohltuend und ominös – haben die Eingeweihten von jeher hervorgehoben. Bei den Griechen war diese Doppelseitigkeit des Mondes durch die Göttin Diana (»die keusche Diana« – Artemis) verkörpert und durch die Göttin Hekate, eine dämonische Gottheit. Der Mond stellt eine doppelseitige Region dar. Seine verborgene Seite ist dadurch gekennzeichnet, dass sie alles Schlechte, was sich auf der Erde abspielt, in sich aufnimmt. Denn Gedanken und Gefühle sind nicht an einen Ort gebunden: Die Gedanken und Gefühle der Menschen, die vom Bösen entfacht sind, werden von dieser verborgenen Seite des Mondes – dem Schattenkegel der Esoterik – angezogen. Der Schattenkegel spiegelt dann dieses Böse auf die Erde in Form von schädlichen Einflüssen wider. Aus solch einem Bereich holen die Zauberer die dämonischen Wesenheiten heran, die die Menschen quälen und verwirren. Aus demselben Bereich schöpfen sie auch die Unheil bringenden Elemente für ihre Verzauberungen und Beschwörungen.

Die andere Seite des Mondes steht unter dem Einfluss der Sonne. Das ist die Sphäre der Lauterkeit, das Reich der Engel, die das lautere Leben mit sich bringen. Der Mond herrscht über die Gewässer. Wollt ihr euch einem Läuterungsprozess unterziehen und wie klares Wasser werden, so solltet ihr mit dem Mond eine Verbindung herstellen, aber mit der oberen Region des Mondes, denn der Mond regiert sowohl die kristallklaren als auch die trüben Gewässer. Der Mond steht mit Wasser und Silber in Affinität, genauso wie die Sonne mit Feuer und Gold. Wer sich darauf versteht, mit dem Mond gemeinsam zu wirken, wird geläutert. Um diese Arbeit zu tun, könnt ihr einen silbernen Gegenstand in der Hand halten, euch mit dem Erzengel Gabriel verbinden und seinen Namen dabei aussprechen, denn Gabriel ist der Erzengel des Mondes, wie Michael der der Sonne. Auch die Perle, durch ihre Emanationen und ihre Symbolik, weist eine Affinität mit dem Mond auf.

Der Mond wirkt sich magnetisch aus, nicht nur auf die Gezeiten und die Vegetation, sondern auch auf den Zyklus der Frau. Die Hexen wissen darüber Bescheid und benutzen vor allem das Menstruationsblut für ihre magischen Praktiken. Das Blut ist ein Fluidum, ein Träger von Kräften und Energien, besonders das Menstruationsblut, umso mehr als es bei der Frau mit bestimmten psychischen Zuständen verbunden ist, die dieses Blut durchtränken.[1]

Der Esoterik nach sollen bestimmte Wesenheiten aus der Astralebene die Frau umgeben und sich von den Emanationen ihres Blutes nähren. Ist die Frau nicht wachsam, lässt sie sich in niedere Gedanken und Gefühle oder bösartige Worte ein, so können sich jene Wesenheiten der aus diesem Blut strömenden Emanationen bemächtigen und den Menschen schaden. Aus diesem Grunde hatte Moses den Frauen verboten, in ihrer Menstruationsperiode die heiligen Stätten zu betreten. In Wirklichkeit ist die Menstruation an sich vollkommen neutral, in ihr ist nichts Unreines. Alles hängt von der Frau ab, von ihrem Gedankengang, von ihrem Gemüt, von dem Gebrauch, den sie davon macht. Was die Hexen anbelangt, wenden sie dieses Blut ganz bewusst zur Ausführung ihrer tückischen Vorsätze an. Damit imprägnieren sie Dinge, um Larven und Elementarwesen zu ernähren. Diese werden dann gezwungen, ihre grausigen Befehle auszuführen.

Hexen stellen sich oft nackt hin, um besser die Einflüsse des Mondes in sich aufzunehmen, denn sie sind sich der in der Nacktheit enthaltenen Macht völlig bewusst. In der Esoterik wird noch über die ätherischen Antennen berichtet, mit denen der physische Körper tatsächlich ausgestattet ist. Durch diese Antennen stehen der Mann und die Frau mit den Kräften der Natur in Kontakt und sind im Stande, Ströme auszusenden und aufzunehmen. Im Allgemeinen wirkt die Bekleidung wie eine Art Schirm zwischen dem Körper und den kosmischen Energien. Wenn die Zauberer sich nackt hinstellen, so deshalb, um größere Möglichkeiten zu haben, diese Energien aufzunehmen, auf sie einzuwirken und sie in die gewünschte Richtung zu orientieren. Entschließt man sich aber für das Böse, so zieht man nur die finsteren Strömungen heran, die den Weltraum durchqueren. Früher oder später wird man großen Gefahren ausgesetzt, eines Tages überfallen und »besessen« werden.

Nun weiter... Die Freikörperkultur verbreitet sich immer mehr, das ist mir nicht unbekannt. Generell legen ihre Anhänger offensichtlich keinerlei magische Absichten an den

Tag. Ich möchte sie jedoch warnen, denn durch die Nacktheit werden sowohl günstige als auch dunkle Kräfte herangelockt. Wer sich nackt hinstellt, ohne die Selbstbeherrschung und das Selbstbewusstsein bis zu einem bestimmten Grade entwickelt zu haben, sollte bereit sein, für das Risiko einzustehen: Man muss fähig sein, sich gegen all das Negative, das Dämonische abzuschirmen und zugleich nur für die lichtvollen Strömungen aufgeschlossen zu sein. Es ist schon gut, sich der Luft und der Sonne auszusetzen, damit die physischen Poren sich auftun. Die Öffnung der spirituellen Poren sollte man gleichzeitig auch erzielen, aber mit größter Überlegung und Vorsicht.[2]

Nun wollen wir uns mit einer Frage auseinander setzen, die für unser Leben von großer Wichtigkeit ist: Der Mondzyklus spielt sich etwa in einem Monat ab: Während vierzehn Tagen nimmt der Mond jeweils ab und zu. Durch diese Alternanz treten in der Natur und im Menschen selbst bestimmte Umwandlungen auf. Im Allgemeinen kann man Folgendes feststellen: Die Periode des zunehmenden Mondes fördert eher den Tätigkeitsdrang. Im Gegensatz dazu ruft die Periode des abnehmenden Mondes Schläfrigkeit, Erstarrung hervor, einen Drang nach Muße und Entspannung. Wer über die Existenz solcher regelmäßigen Wiederkehr der Naturphasen nicht Bescheid weiß, mag durch die Umwandlungen, die er während des abnehmenden Mondes in sich selber wahrnimmt, wohl gestört werden. Macht euch deshalb keine Sorgen, nur wachsam solltet ihr sein, um eure Reserven nicht völlig zu erschöpfen.

In der Periode des abnehmenden Mondes ist es wohl möglich – mit anhaltender Wachsamkeit – seiner Arbeit nachzugehen, auch wenn der Scharfsinn, die Konzentrationsfähigkeit, die Wirksamkeit dabei etwas nachlassen. Habt ihr aber etwas Wichtiges vor, so wäre es vorteilhafter, das Ganze auf die Periode des zunehmenden Mondes zu verschieben, es käme der Verwirklichung besser zustatten. Um einen Schlusspunkt unter eine Angelegenheit zu setzen, wäre es jedoch ratsamer, die Periode des abnehmenden Mondes abzuwarten.

Ihr seht es also ein: Welche Phase des Mondes es auch sei, es ist möglich, jede Periode für eine bestimmte spirituelle Arbeit zu benutzen. Wünscht ihr euren Willen oder eure Gesundheit zu stärken, mehr Liebe, Weisheit und Licht an den Tag zu legen, dann wartet die ersten Tage des zunehmenden Mondes ab. Schaut euch den Mond in der Nacht an, hebt dabei die rechte Hand und sagt: »Wie der Mond am Himmel immer weiter zunimmt, so soll auch Kraft und Wohlbefinden – oder Licht und Liebe – mein ganzes Wesen erfüllen, damit ich zu einem Diener Gottes werde.« Dreimal solltet ihr diese Formel aussprechen. Während der

Periode des abnehmenden Mondes bringt die entgegengesetzte Formel vor: »Wie der Mond am Himmel immer mehr abnimmt, so soll auch in mir dieser Mangel oder jenes Laster immer geringer werden und endlich verschwinden, zum Ruhme Gottes.« Diese Formel wird auch bei erhobener Hand dreimal ausgesprochen. Wenn ihr diese Übungen regelmäßig und mit Überzeugung macht, werdet ihr schon damit etwas erreichen.

Der Mond übt über die Materie eine beträchtliche Macht aus. Deswegen ist er für die Verwirklichung, für die Konkretisierung auf der materiellen Ebene von wesentlicher Bedeutsamkeit. Wollt ihr euch etwas zur Aufgabe machen, ein Projekt realisieren oder zu Ende führen, so kommt ihr zu viel besseren Ergebnissen, wenn ihr euch der unterschiedlichen Phasen des Mondes zu bedienen wisst.

Anmerkungen

1. Siehe Band 240 der Reihe Izvor »Söhne und Töchter Gottes«, Kapitel 2: »Das Blut, Träger der Seele«.
2. Siehe Band 235 der Reihe Izvor »Im Geist und in der Wahrheit«, Kapitel 10: »Der Duft des Garten Eden«.

Kapitel 8

DIE ZUSAMMENARBEIT MIT DEN NATURGEISTERN

Wäre die Natur nicht lebendig und klug, so könnten wir nicht mit ihr in Kontakt kommen. Sie ist lebendig und klug, weil Wesenheiten aller Art in ihr beheimatet sind und gemeinsam an den Steinen, Pflanzen und Tieren mitwirken. In allen Traditionen der Welt wird über solche Wesenheiten berichtet. Es mag sein, dass sie nicht genauso in Erscheinung treten, wie sie jede Religion oder Kultur dargestellt hat, das ist klar. Das Wichtigste ist aber zu wissen, dass die Natur lebt, weil sie bewohnt ist, wie auch die vier Elemente (Erde, Wasser, Luft und Feuer) und dass wir mit jenen Wesenheiten, die in ihnen leben, in Verbindung treten können, um verschiedene Arbeiten auszuführen.[1]

Den Magiern, Zauberern und Hexenmeistern aller Erdteile ist diese Realität seit Jahrtausenden bekannt. Immer wieder versuchen sie, diese Wesenheiten in ihren Dienst zu stellen, viele sogar mit Erfolg, leider. Denn auch hier geht es nur um die Befriedigung ihrer

Begierden, ihrer Sinnlichkeit, ihrer Rachsucht usw. Ihnen gehorchen die Naturgeister, denn sie haben es gern, wenn ihnen etwas aufgetragen wird: Sie tun es, ohne darüber nachzudenken, ob es gut oder schlecht ist. Die ihnen auferlegte Arbeit erledigen sie aus Furcht vor dem sie beherrschenden stärkeren Willen. Da liegt der Grund, warum so viele Menschen sie zu abscheulichen Machenschaften gebrauchen; sie gehorchen, einfach weil sie von Natur aus so sind. Moralische Gewissenhaftigkeit ist ihnen unbekannt, sie setzen sich sowohl für das Gute als auch für das Böse ein. Uns kommt es dann zu, sie zu einer göttlichen Arbeit aufzufordern.

Wenn ihr inmitten der Natur steht, versucht doch, die Anwesenheit all dieser in ihr lebenden Geister wahrzunehmen. Als es auf Erden überhaupt noch keine Spur vom Menschen gab, waren sie schon lange da. Es ist gut, mit ihnen in Verbindung zu stehen. Ihr solltet sie ansprechen, euch über die Arbeit, die sie auf und unter der Erde, im Wasser und in der Luft verrichten, in Verwunderung setzen. Sie werden ihre helle Freude daran haben und sich mit euch befreunden, euch anlächeln und mit Geschenken überschütten in Form von Vitalität, Glückseligkeit, poetischer Anregung und sogar Hellsichtigkeit.

Ihr solltet es aber nicht dabei bewenden lassen, sondern diese Milliarden Geister, die die Natur bewohnen, für eine göttliche Arbeit einspannen. Wenn ihr durch den Wald wandert oder auf einen Berg steigt, wendet euch an all diese unsichtbaren Wesenheiten. Durch ihre Tätigkeit tragen sie zum Leben der Steine, der Pflanzen, der Tiere bei. Fordert sie auf, denen hilfreich beizustehen, die sich für die Liebe, das Licht, den Frieden zur Verwirklichung des Reiches Gottes auf Erden einsetzen.[2]

Steht ihr am Meer oder am Ufer eines Flusses, so wendet euch an die Geister, die dort ihr Zuhause haben, und fragt sie: »Was macht ihr denn zum Wohl der Menschheit? Bemüht euch doch, alle Badenden, all diejenigen, die zu Wasser fahren, zu beeinflussen. Erweckt in ihnen die Sehnsucht nach innerlicher Wandlung, nach Vervollkommnung... Sie sind stur, es stimmt schon. Ihr seid aber mächtig, lasst nicht nach. Euch werden sie schließlich doch zuhören und tun, was ihr von ihnen verlangt. Auf geht es, an die Arbeit!« So wird einmal der Tag kommen, an dem Milliarden von Geistern aufbrechen werden auf der ganzen Erde, um zur Umwandlung der menschlichen Herzen und Gehirne beizutragen.

Warum sollte man so kleinlich sein, nie ein paar Worte für das Wohl der Menschheit vorzubringen? Für sich selbst setzt man Himmel und Hölle in Bewegung, aber für die anderen!... Die Zeit ist reif für eine Umstellung. Wohin ihr auch in der Natur gehen mögt, ihr solltet euch mit diesen Wesenheiten befassen, die die Höhlen, Bäume, Bäche, Seen und gar die Sterne bewohnen. Ladet sie ein, sich an der Verwirklichung des Reiches Gottes auf Erden zu beteiligen. Tut ihr das, so wird euch der Himmel als Erbauer des neuen Lebens, als eine Quelle, als einen Sohn Gottes betrachten. Der Himmel, die Erde, die Ozeane, alle vier Elemente haben vor Gott geschworen, all diejenigen zu unterstützen, die sich ganz und gar dafür einsetzen, Frieden, Harmonie und Schönheit zu schaffen.

Anmerkungen

1. Siehe Band 32 der Reihe Gesamtwerke »Die Früchte des Lebensbaums«, Kapitel 7: »Die vier Elemente«.
2. Siehe Band 208 der Reihe Izvor »Das Egregore der Taube. Innerer Friede und Weltfriede«, Kapitel 9: »Das Reich Gottes«.

Kapitel 9

BLUMEN UND DÜFTE

Das Schenken von Blumen geht auf eine fast weltweite Tradition zurück. Es drückt Bewunderung, Ehrfurcht, Liebe aus. Frauen sind für Blumen besonders empfänglich. Wollt ihr die Zuneigung einer Frau gewinnen, so bringt ihr Blumen. Allerdings genügt das nicht immer. Es gibt Frauen, denen ihr alle Blumen frisch vom Markt schenken könnt, ohne ihnen jemals näher zu kommen; denn es gibt auch andere, unsichtbare Blumen, die Blumen eurer Seele; diese solltet ihr zu geben verstehen.

Schaut euch eine Rose an: Es durchflutet euch ein Gefühl von poetischer Schönheit, das sich unmittelbar auf euer Gemüt überträgt, ihr spürt eine innere Verwandlung. Eine Empfindung, ein Gefühl, so schwach sie auch seien, lösen etwas in der Tiefe eures Wesens aus. Bewundert ihr eine Blume, so spricht sie euch an durch ihre Farbe, ihre Form, ihren Duft. Eure subtilen Körper werden dadurch erfüllt.

Sie ruft in eurer Seele die Form, den Duft, die Farbe hervor, die ihr entsprechen. Und genauso ist es mit etwas Abstoßendem. Deswegen sollte man sich in Acht nehmen, damit nur Harmonie, Schönheit und Lauterkeit in der eigenen Umgebung herrschen, denn diese prägen sich in euer Wesen ein. Auf spirituellem Gebiet gibt es Werte und Tugenden, die dieser Harmonie entsprechen; folglich beginnen allmählich jene Werte und Tugenden, sich in euch zu offenbaren.

Eure ganze Umgebung wirkt sich auf euch aus, ob ihr diese Auswirkung wahrnehmt oder nicht, spielt keine Rolle. Das Wesentliche dabei ist aber, dieser Tatsache gewahr zu werden, damit Segen auf eurer Arbeit liege. Sobald ihr die wohltuende Beeinflussung irgendeiner Kreatur oder eines Gegenstandes spürt, sperrt die Pforten zu eurem inneren Wesen auf und lasst diese günstigen Einflüsse in euch walten. Seid ihr nicht aufgeschlossen, dann werden sogar die erhabensten Dinge ohne Wirkung bleiben und vergebens an euch vorbeigehen.

Verweilt einmal an einem Bach, an einer sprudelnden Quelle. Da habt ihr ein Bildnis der wirklichen Quelle des Lebens vor Augen, die sich auch in euch ergießen sollte...[1] Schaut mit voller Bewunderung zur Sonne hinauf, schließt euer ganzes Wesen auf, damit die spirituelle Sonne mit ihrem Licht, ihrer Wärme auch in euch aufgehe.[2] Bleibt bei den Blumen stehen und fragt sie nach dem Geheimnis ihrer Düfte. Hört ihnen zu, damit auch ihr lernt, wie ihr es anstellen sollt, um die höchste Quintessenz, die himmlischen Düfte aus dem eigenen Herzen, aus der eigenen Seele zu fördern... Alles spricht, aber zuhören können die Menschen nicht. Sie vermögen weder der Sonne noch den Bäumen zuzuhören, den Felsen, den Seen, den Bergen, den Vögeln auch nicht. Sogar der eigenen inneren Stimme hören sie nicht zu, obgleich diese ihnen unentwegt etwas zuflüstert. Handelt es sich aber um Anschwärzung und Verleumdung, so stehen ihnen gleich die Ohren weit offen. Solche Dummheit ist mir unbegreiflich: Es gibt so viel Schönes zu hören, zu bewundern, zu erfassen... Warum bleiben die Menschen stets an dem Sinnlosen, an dem Kleinlichen haften?

Schaut diese kleine Rose an: Sie ist winzig, aber in mir ist sie groß, weil sie mir viele Geheimnisse enthüllt. Deswegen bin ich ihr zugetan. Sie lächelt mich selig an. Auch ich sehe sie mit Liebe an, damit sie sich in mich einfühle, andere Rosen in meinem Herzen, in meiner Seele zum Aufblühen bringe. Warum solltet auch ihr es nicht versuchen? Den schwangeren Frauen gebe ich sogar den Rat, ab und zu während ihrer Schwangerschaft dieser Beschäftigung mit den Rosen nachzugehen. Auf das Kind, das sie unter dem Herzen tragen, werden sich gute Einflüsse ausüben.

Die Geister der Rosen entstammen dem Planeten Venus. Sie verkörpern sich freiwillig auf der Erde, um den Menschen zu helfen. Diese Aufgabe der Rosen ist noch unbekannt. Sie werden als Schmuck für Wohnungen und Gärten gebraucht, um einen Mann heranzulocken oder eine Frau zu verführen. In Wirklichkeit ist die Rose geschaffen worden, um uns auf den Weg einer größeren Vervollkommnung zu leiten, auf den Weg der wahren Liebe, dieser Liebe eben, die nicht gefangen hält, sondern befreit. Darin liegt die Rolle und die Botschaft der Rose. Sie ist die Königin der Blumen, weil sie uns die wahre Liebe lehrt. Begreifen die Menschen, welches Opfer die Rose gebracht hat, als sie sich zu ihnen herabließ, und nehmen sie ihre Botschaft bewusst in sich auf, dann wird es ihnen vielleicht gelingen, ihr zu gleichen: Überall wo sie auch hingehen, wird aus ihnen ein herrlicher Duft strömen und die ganze Atmosphäre erfüllen.

Im irdischen Paradies war Eva von dem Herrn beauftragt worden, für die Vegetation zu sorgen. Da sie mitten unter den Blumen lebte, ist es nicht verwunderlich, dass sie bald einen Blumenduft verströmte. Nach dem Sündenfall verlor sie diese Fähigkeit. Vorher strömten diese Düfte aus ihr heraus, weil sie jene guten Eigenschaften und Tugenden besaß, die in Form von Düften auf der materiellen Ebene wahrnehmbar sind. Denn der Duft ist nichts anderes als der Niederschlag einer Tugend, genauso wie ein ekelhafter Geruch ein Laster widerspiegelt. Wenn die Frauen jetzt so stark von den Düften angetan sind und das Bedürfnis empfinden, sich zu parfümieren, so aus der unbewussten Sehnsucht heraus, diese Gabe, die ihnen im Paradies eigen war, zurückzuerlangen und wieder Düfte um sich zu verbreiten wie früher. Sich zu parfümieren ist allerdings nicht die beste Methode: Versuchten sie, bestimmte Tugenden und gute Eigenschaften in sich zu entwickeln, so würde ihr ganzes Wesen von neuem Düfte ausströmen und ihre Schönheit wieder richtig aufblühen.

Von einem allgemeineren Standpunkt aus gesehen ist diese Frage der Düfte und Gerüche, die der Mensch von sich gibt, ein höchst interessantes Thema. Beobachtet euch selbst: Ihr werdet feststellen, dass euer Körper nicht immer denselben Geruch verbreitet. Ein verwirrter oder verärgerter Zustand bringt sogar unangenehme Gerüche hervor. Bei erhabenen Gefühlen vermag euer Körper Emanationen von sich zu geben, die mit den Düften der Blumen beinahe vergleichbar sind.

Es taucht eben in mir eine sehr alte Erinnerung wieder auf. Während eines Spazierganges mit Freunden durch den Wald – das war in der Umgebung von Lyon – bemerkte ich ein mir unbekanntes Mädchen. Es mochte etwa siebzehn Jahre alt sein und hatte – wenigstens auf den ersten Blick – nichts Auffallendes an sich..., aber als es an mir vorbeiging, kam mir ein Duft entgegen... von solch unglaublicher Lauterkeit, so frisch und stimmungsvoll wie der Duft einer Morgenblume... Das brachte mich völlig aus der Fassung. Der Duft hätte wohl der einer Alpenblume sein können. Dies Erlebnis hatte mich dermaßen beeindruckt, dass ich mich erkundigte, ob es sich parfümiert habe. Es antwortete mir mit Nein, und aus seinem Gesichtsausdruck war leicht abzulesen, dass es die Wahrheit sagte. Dieser Blumenduft strömte also aus seinem Körper. Nach diesem Spaziergang habe ich es nicht mehr wieder gesehen, diesen Duft habe ich aber nie vergessen. Ich glaube nicht mal, dass es sich seiner außergewöhnlichen Gabe bewusst war. Es gibt Frauen, die ein Vermögen opfern würden, um mit solch natürlichem Duft ausgestattet zu sein.

Zauberer und Hexen verfügen über bestimmte Kenntnisse, die es ihnen möglich machen, widerliche Gerüche zur Beschwörung von Dämonen hervorzubringen. Der Gebrauch von Weihrauch und Düften in den Tempeln, Kirchen und allen heiligen Stätten kommt eben aus dem Wunsch, die Geister der Finsternis auszutreiben und die Geister des Lichtes herbeizuholen. In der Heiligen Schrift steht geschrieben, der Duft aus der Opfergabe der Gerechten sei bis zum Thron Gottes emporgestiegen, und Gott habe Seine helle Freude daran gehabt. Ja, es ist wahr. Gott atmet den Duft der Seelen in sich ein, das ist eine Tatsache: Aus der Seele der Gerechten strömt ein Duft aus, der die lichtvollen Wesenheiten herbeilockt. Selbst der Heilige Geist lässt sich herab und atmet den Duft dieser Seelen ein.[3]

Diese spirituellen Düfte sind von solcher Subtilität, dass sie auf der materiellen Ebene überhaupt nicht wahrnehmbar sind. Als ich jung war, in Bulgarien, und nicht weit von Meister Peter Deunov wohnte, lud mich dieser manchmal ein. Bei jedem Besuch wurde ich von einem erstaunlichen Duft beeindruckt, dem kein anderer gleichgestellt werden konnte. Dieser Duft stammte weder von den Blumen noch von den Früchten oder von irgendetwas, das im Zimmer vorhanden war. Das war sicherlich der Duft seines Herzens, seiner Seele... Ich war damals sehr jung und konnte diese Tatsache nicht so erklären. Aber jedes Mal spürte ich dieselbe Lauterkeit wieder, etwas sozusagen Heiliges, was mir wie ein Duft entgegenkam... Das habe ich nie wieder in meinem Leben empfunden, denn ein derartiger Duft existiert nicht auf der materiellen Ebene, es mochte wohl eine Wahrnehmung meiner Seele auf der Astralebene gewesen sein.

Da also unsere psychischen Körper einen Duft von sich geben, sollten wir durch bewusste spirituelle Arbeit nach ständiger Verfeinerung dieses Duftes streben. Das ist für uns von großer Wichtigkeit, nicht um die Menschen an uns zu fesseln, nein, gar nicht, sondern um die Freunde der unsichtbaren Welt anzuziehen, denn diese wissen die Düfte einer geläuterten Seele zu schätzen. Warum sollte man ihnen diese Freude nicht gönnen? Die Geister der Finsternis werden durch den Gebrauch von Weihrauch ausgetrieben, die himmlischen Wesenheiten hingegen angezogen, ist das nicht wunderbar? Dies genügt natürlich nicht; zugleich sollte auch von innen heraus, aus dem eigenen Wesen, der Duft der Lauterkeit, der Heiligkeit emporsteigen und die umgebende Atmosphäre erfüllen.

Anmerkungen

1. Siehe Band 7 der Reihe Gesamtwerke »Die Reinheit, Grundlage geistiger Kraft«, Teil 3, Kapitel 1: »Die Quelle«.
2. Siehe Band 10 der Reihe Gesamtwerke »Sonnen Yoga – Die Herrlichkeit von Tiphereth«.
3. Siehe Band 232 der Reihe Izvor »Feuer und Wasser, Wunderkräfte der Schöpfung«, Kapitel 18: »Das Herabsteigen des Heiligen Geistes«.

Kapitel 10

WIR ALLE ÜBEN MAGIE AUS

Für die meisten Menschen hat das Wort Magie etwas Unheimliches an sich. Spricht man das Wort aus, so werden manche von lauter Entsetzen gepackt. Magie übt doch jeder aus, er tut sogar nichts anderes im Leben. Alle sind der Meinung, für die Magie seien bestimmte Zeremonien notwendig, das Tragen absonderlicher Gewänder, gemurmelte oder klar ausgesprochene Beschwörungen und Zauberformeln, die Manipulation mit allerlei bizarren, von mehr oder weniger Ekel erregenden Dünsten umgebenen Gegenständen. Sie täuschen sich.

Unsere ganze Existenz ist mit der Magie verflochten. Jede Handlung (Geste, Blick, Wort), jedes Gefühl und jeder Gedanke ist magisch. Alles, was der Mensch auch tun mag, sei es auf der Mental-, Astral- oder physischen Ebene, gehört der Magie an. Je nach der guten oder schlechten Beschaffenheit seiner Taten – ob er aufbaut oder zerstört, zur Gestaltung der

Harmonie oder des Chaos beiträgt – tritt der Mensch als weißer oder schwarzer Magier auf. Die Menschen werden durch ihre Ignoranz verblendet, sie wissen weder wo sie sich befinden noch was sie treiben.

Da die Handlungen der Menschen sich meistens halbwegs zwischen der weißen und der schwarzen Magie abspielen, ist ihre Macht auf beiden Gebieten offensichtlich gering. Aber die Aussage, jeder Mann sei ein Magier und jede Frau eine Zauberin, stimmt vollkommen mit der Wirklichkeit überein. Durch schlechte Gedanken, böse Gefühle übt ihr schon schwarze Magie aus, denn solche Gefühle und Gedanken haben etwas Besudelndes, etwas Zerstörendes an sich. Den kosmischen Gesetzen zufolge wird alles, was solche Auswirkungen nach sich zieht, in die schwarze Magie eingeordnet. Alles, was Harmonie, Ordnung und Ausgeglichenheit, Verschönerung und Erleuchtung mit sich bringt, gehört dem Gebiet der weißen Magie an. Wenn von Magie die Rede ist, wäre es für die Menschen besser – statt sich laut zu beschweren – einmal ihr Tun und Treiben gut ins Auge zu fassen. Ja, natürlich! Viele haben nie in ihrem Leben ein Buch über schwarze Magie aufgeschlagen. Sie glauben nicht einmal, dass es so etwas gibt. Schaut euch aber ihr Benehmen an, und ihr werdet zu der Schlussfolgerung kommen, dass sie eigentlich perfekte schwarze Magier sind.

Ein Magier ist ein Medium, das die Geister mit einer besonderen Substanz versorgt. Dank dieser Substanz können sie eine Verbindung mit der materiellen Ebene anknüpfen. Ist diese Substanz nicht vorhanden, so sind sie nicht im Stande, sich auf der materiellen Ebene zu manifestieren. Je nach der Beschaffenheit seiner geistigen wie auch materiellen Beschäftigungen werden bestimmte Fluida ausgelöst, die die Geister befähigen, eine Gestalt anzunehmen und folglich auf der materiellen Ebene zu wirken. Durch seine bloße Präsenz zieht schon ein Mensch mit kriminellen Vorsätzen eine Unzahl Geister an, die alle von ihm ausgelösten Miasmen verwenden, um Schaden anzurichten. Er selber ist es nicht, der Böses stiftet, den anderen aber stellt er die nötigen Mittel, die notwendige Substanz zur Verfügung. Und umgekehrt: Durch die Anwesenheit eines weißen Magiers wird den lichtvollen Geistern die unentbehrliche Substanz bereitgestellt: So ist es ihnen möglich, überall Glück und Segen zu erteilen. Ihr habt den Entschluss gefasst, für das Licht, für das Gute mitzuwirken? Aus euch löst sich dann eine geläuterte Substanz, die die Geister der unsichtbaren Welt ansammeln, genauso wie die Bienen den Nektar aus den Blüten, um Honig zu erzeugen.

Nun möchte ich ein Beispiel aufgreifen und euch damit klar machen, wie man im Buch der beseelten Natur lesen sollte. Lasst ihr z. B. in der Küche oder draußen etwas Nahrung liegen, so stürzen sofort Wespen, Ameisen, Insekten aller Art zum Schmaus herbei. Warum? Weil solche Tierchen vom Dreck angelockt werden. Wird alles weggeräumt, dann sind auch sie verschwunden. Mit euch steht es genauso: Unlauterkeiten in euren Gefühlen und Gedanken ziehen ebenfalls unerwünschte Geister heran, die sich diesen Dreck gut schmecken lassen, und ihr könnt sie nicht mehr loswerden. Auch wenn ihr euch bemüht, die Insekten zu vertilgen oder zu verscheuchen, es bleibt hoffnungslos: Solange irgendwelche Überbleibsel noch daliegen, wimmelt es weiterhin von immer neuem Geschmeiß. Wollt ihr sie wirklich loswerden, so räumt alles fort, sie werden alle verschwinden und sich ihre Nahrung anderswo holen. Dasselbe Gesetz herrscht auf der Astral- und Mentalebene, wo gärende und faulende Gefühle und Gedanken vorhanden sind. Solche Unlauterkeiten sollte man abschütteln. Erst dann werden sich die unerwünschten Geister von selbst entfernen.[1]

Schaue ich mir das Verhalten bestimmter Menschen an, so wird mir alles klar: Sie haben eine Unmenge dunkler Wesenheiten in sich aufgenommen. Durch schmeichelnde Worte bemühen diese sich nun, ihnen die Mitwirkung in ihrer Sippschaft abzugewinnen: »In Geld wirst du schwelgen, eine Spitzenstellung in der Gesellschaft innehaben, an die höchste Macht kommen; alle Frauen, die du dir erwünschest, werden dir gehören! Schließe dich uns an!« Und die Menschen stimmen zu, so groß ist ihre Unwissenheit, ihre Dummheit. Vielleicht werdet ihr einwenden: »So etwas habe ich noch nie gesehen!« Es spielt sich aber jeden Tag vor meinen Augen ab. Die Geister der Finsternis sind von raffinierter Schlauheit: Sie kreuzen nicht mit Hörnern und Gabelschwanz auf, sie ziehen keine Kochkessel aus der Hölle hinter sich her. Erschrockene Menschen würden ihnen keinen Vorteil verschaffen, im Gegenteil. Mit dem Versprechen, all eure Wünsche zu erfüllen, treten sie unermüdlich an euch heran, bis ihr ihnen wie eine überreife Frucht in die Falle geht. So gelingt es ihnen, die Menschen zu verführen, durch Aussicht auf Macht, Lust und Geld. Und auf diese Weise stellen sich ebenfalls viele als Kandidaten für die Schwarze Loge auf, denn derartige Vorteile kann man sich nicht kurzfristig verschaffen, ohne Egoismus, Hartherzigkeit und Unredlichkeit an den Tag zu legen.

Auch die Weiße Loge entsendet eine Delegation besonderer Wesen. Diese betrachten es als ihre Aufgabe, die Menschen über den besonders glückseligen und segensreichen Zustand aufzuklären, der ihnen bevorsteht, vorausgesetzt sie sind bereit, den Weg des Lichtes einzuschlagen. Die Geister des Guten arbeiten genauso wie die des Bösen, aber in der entgegengesetzten Richtung. Sie verwenden dieselben Methoden. Der einzige Unterschied liegt im Ziel, in der Richtung. So sprechen die guten Geister die Menschen an: »Vielleicht wird es euch weder Ruhm noch Reichtum einbringen, denn diese sind beim Fürsten der Finsternis aufbewahrt; wir aber können euch Wertvolleres schenken, nämlich die Erleuchtung, den Frieden, die Erkenntnis, und vor allem das Leben, das reichhaltige, unerschöpfliche Leben. Wollt ihr nicht mitkommen?« Seid ihr erleuchtet und mit gutem Entscheidungsvermögen ausgestattet, so hört ihr den himmlischen Stimmen zu. Wenn nicht, werdet ihr den dunklen Geistern zum Opfer fallen, das liegt auf der Hand.

Es gibt überhaupt kein Geschöpf, vor dem die lichtvollen Geister nicht wenigstens einmal erschienen sind. Was können diese aber tun, wenn es sich taub stellt? Sie sehen sich gezwungen, es den Vorschlägen der Schwarzen Loge zu überlassen. Solche Vorschläge klingen natürlich viel attraktiver, viel verlockender, denn es handelt sich um Bedürfnisse, um Erfüllungen auf der materiellen Ebene, während die Bedürfnisse der spirituellen Ebene nicht so anregend erscheinen, denn ihre Befriedigung setzt einen zu großen Zeitaufwand voraus! Und so lässt der Eifer allmählich nach...

Ja, so ist es, und bald kommen die Folgen zum Vorschein: Der Mensch, der sich weigert, den aufsteigenden Weg zu wählen, von dem geht nur etwas Mittelmäßiges, Trübes, sogar Zerstörerisches aus. Wohin er sich auch wende, er verursacht immer neuen unbewussten Schaden. Wie kommt es dazu? Stellt euch einmal vor, jemand wäre euch verhasst: Ihr geht öfters mit dem Gedanken um, sein Tod wäre eigentlich nicht ungelegen. Ihr werdet aber nicht so weit gehen und ihn umbringen, das ist klar. Kein Mensch entschließt sich so rasch, ein Verbrechen zu begehen, das Risiko ist zu groß. An seinen Tod denkt ihr aber doch und wünscht ihn sogar... Folgendes solltet ihr wissen: Irgendwo auf der Welt werdet ihr aber für den Tod eines anderen verantwortlich gemacht, denn eure Wünsche und Gedanken schweifen ja hin und her. In weiter Ferne werden andere Menschen beeinflusst, die in derselben seelischen Verfassung sind wie ihr und einen Feind auch loswerden möchten. Ist ihre Rachsucht größer, ihr Wille nicht stark genug, um ihrem kriminellen Drang zu widerstehen, dann fühlen sie sich eines Tages aus einem unbegreiflichen Impuls heraus wie von einer fremden Strömung hingerissen, und sie steuern darauf zu, den Mord zu begehen. Davon werdet ihr selbstverständlich nie etwas erfahren. In Wirklichkeit werdet ihr aber dafür verantwortlich gemacht. Einmal geht auch ihr ins Jenseits hinüber. Dort werden euch die Folgen eurer negativen Gedanken, Gefühle und Wünsche vorgetragen: Ein gewaltiger Schreck packt euch, wenn es euch klar wird, dass ihr es seid, der so viel Schaden angestiftet hat.

Wenn ihr euch aber hingegen bemüht habt, euer Leben lang Licht und Liebe in euren Gedanken und Gefühlen walten zu lassen, werden diese auf der ganzen Erde weit und breit nachwirken und eine Vielzahl Menschen positiv beeinflussen. Wenn ihr euch dann im Jenseits befindet, wird das Gute, das ihr zuwege gebracht habt, euch vor Augen geführt: Ihr werdet staunen, verblüfft dastehen und sagen: »Das ist doch nicht möglich! So was hab ich nicht getan! – Doch, doch! Wird die Antwort lauten. Schaut: In einem bestimmten Jahr seid ihr auf einer bestimmten Straße gegangen, wo bestimmte Leute gerade dabei waren, ein Verbrechen zu begehen. Da haben sich eure guten, positiven Ausstrahlungen beim Vorübergehen derart verbreitet und ausgewirkt, dass die Verbrecher von ihrem Plan abgelenkt wurden und endgültig darauf verzichteten.« Die Ausführung eines Plans oder der Verzicht darauf ist oft an eine Geringfügigkeit gebunden, und solche Geringfügigkeit eben mag wohl von den guten oder schlechten Einflüssen abhängen, die ein Mensch unbewusst in sich aufnimmt.[2]

Der Mensch steht an der Grenze zwischen der höheren und der niederen Welt, das sollte man immer im Auge behalten. In der christlichen Religion wurde dieser Begriff durch die Vorstellung des Schutzengels veranschaulicht: Er steht auf der rechten Seite des Menschen, während der Dämon auf seiner Linken erscheint. Der Engel erleuchtet und berät ihn, der Dämon versucht aber, ihn irrezuführen, damit er ihm zum Opfer falle. Diese Darstellung hat etwas Einfältiges, Naives an sich; der Realität entspricht sie aber schon. Der Mensch besitzt eine doppelte Natur, das habe ich euch schon erklärt: Die niedere und die höhere Natur, von mir als Personalität und Individualität bezeichnet.[3] Seinem Entwicklungsgrad zufolge gibt der Mensch der einen oder der anderen den Vorrang. Je nachdem ob sich die erste oder die zweite Natur manifestiert, knüpft er an Wesenheiten an, die in der Welt der Finsternis oder des Lichtes beheimatet sind. Gewisse Menschen mögen wohl einwenden, dass sie an Wesenheiten der unsichtbaren Welt überhaupt nicht glauben. Schon gut! Ob sie daran glauben oder nicht, ändert nichts an der Sache: Ihre doppelte Natur ist nicht zu leugnen, es ist nicht möglich, deren Manifestationen zu übersehen. Der Mensch selber hat zu entscheiden, unter welchen Einfluss er sich stellen möchte.

Ihr werdet einwenden: »Aber warum richtet der Herr die Geister des Bösen nicht zugrunde?« Weil Er Selbst es ihnen erlaubt, als Verführer aufzutreten, es ist eben ihre Aufgabe. An euch liegt es nun, genug Scharfsinn zu haben, um nicht zu unterliegen! Niemals hat Gott den Teufel je bestraft, weil er die Menschen in Versuchung führt. Sie selber sollten stärker und erleuchtet genug sein, endlich einmal zu begreifen, auf welcher Ebene sie richtig aufblühen können, warum die eine Richtung eher zu bevorzugen wäre als die andere. Davon sollten sie aber fest überzeugt sein. Denn was für einen Vorteil würde der Mensch daraus ziehen, wenn er den Weg des Guten und des Lichtes wider seinen Willen einzuschlagen hätte? Der Schöpfer und die himmlischen Geister lassen ihm volle Freiheit, so dass er selber zu der Erweiterung des eigenen Bewusstseins beitrage und lerne, die Verantwortung für seine Orientierung selbst zu übernehmen.

Unsere Aufgabe ist es also, uns jeden Tag zu fragen: »Nun, was habe ich denn heute gesagt und getan? Was für Gedanken und Gefühle sind mir durch den Kopf, durch das Herz gegangen?« Habt ihr schlecht gehandelt, sind eure Gefühle und Gedanken eher minderwertig gewesen, so zeigt das: Ihr habt euch den dunklen Kräften angeschlossen. Kehrt von ihnen ab und sucht euch einen anderen Weg aus. Wer als Neuling im spirituellen Leben auftritt, fühlt sich genötigt, die Dinge mit erweitertem Bewusstsein ins Auge zu fassen. Er wird unbekannter Gesetze gewahr, sieht die Notwendigkeit ein, damit vertraut zu werden und sich zu fügen. Die Magie besteht nicht ausschließlich aus einem Willensakt; in ihr ist die Gesamtheit der menschlichen Tätigkeiten einbezogen.

Die Magie ist eigentlich nichts anderes als eine Verlängerung der Physik. Die Physik durchforscht die Eigenschaften der Materie selbst und studiert die Gesetze, die sie regieren. Mit der Magie steht es genauso, mit dem Unterschied, dass diese weit darüber hinausgeht. Das Gebiet, mit dem sie sich befasst, ist von viel subtilerer Beschaffenheit: Da geht es um psychische Kräfte, um seelische Substanz. In Wirklichkeit ist die Magie nicht von der Physik zu trennen. Diese angeblich »unwissenschaftliche« Realität werden wohl eines Tages die Wissenschaftler anerkennen müssen, wie hartnäckig und verbissen sie vorläufig auch noch sein mögen.

Anmerkungen

1. Siehe Band 210 der Reihe Izvor »Die Antwort auf das Böse«, Kapitel 7: »Die Frage der Unerwünschten«.
2. Siehe Band 29 der Reihe Gesamtwerke »Die Pädagogik in der Einweihungslehre, Teil 2 und 3«, Kapitel 2: »Unsere Verantwortung«.
3. Siehe Band 213 der Reihe Izvor »Die menschliche und göttliche Natur in uns«.

Kapitel 11

DIE DREI MAGISCHEN HAUPTGESETZE

Teil 1
Das Gesetz der Einprägung

Es mag vorkommen, dass jemand an Gottes Existenz zweifelt, dass er weder an die Engel noch an die Teufel, weder an den Himmel noch an die Hölle glaubt. Eines aber kann er unmöglich bezweifeln, eben dass unsere Gedanken, Gefühle und Handlungen sich in uns selber und in unserer Umgebung einprägen, also bestimmte Spuren hinterlassen. Die Gesamtheit des moralischen und spirituellen Lebens basiert auf der Erkenntnis dieses Gesetzes: Da sich alles einprägt, kann man sich nicht mehr erlauben, wer weiß was zu tun, mit Gedanken, Gefühlen und Begierden zu spielen, denn die Nachwirkungen werden nicht ausbleiben.

Ein solcher Begriff kommt natürlich manchem fremd vor. Jeder weiß, dass gescheite, technisch ausgebildete, fortgeschrittene Menschen Tonbandaufnahmen machen. Schaut euch nur an, welche Vielfalt von Bildern, Worten und Musik aller Art aufgenommen wird. Wie aber kann die Natur das machen? Diese Frage weist eben auf die abgrundtiefe Ignoranz der Menschen hin. In Wirklichkeit kann man auf der sichtbaren Welt nichts vorfinden, was nicht schon in der unsichtbaren Welt seinesgleichen hat. Die kosmische Intelligenz ist den Menschen vorangegangen, sie ist weit über sie hinausgegangen: Ihre Prägungen sind aus viel subtilerer Beschaffenheit als die der Menschen. Sie wollte Archivalien zur Verfügung haben; daher beschloss sie, die gesamte Geschichte des Universums festzuhalten. Die Schöpfung hat sie derart konzipiert, dass die Erde, die Berge und vor allem die Steine diese Geschichte in sich eingeprägt erhalten.

Jede Begebenheit spiegelt sich auf allen Objekten der Umgebung wider und hinterlässt bestimmte unauslöschliche Spuren. Diese liegen tief vergraben unter anderen Schichten, die sich darüber gelagert haben. Sie sind jedoch vorhanden und können von neuem zutage gefördert werden. Aus diesen Spuren eben besteht die »Akasha-Chronik«. Die unerlässlichen Fähigkeiten zur Entschlüsselung dieser Prägungen haben die Menschen noch nicht entwickelt. Neue Hypothesen und Theorien werden immer wieder aufgestellt und bald aufgegeben, weil sie sich doch als unzutreffend erweisen. Die kleinen Begebenheiten unseres täglichen Lebens werden ebenso festgehalten wie die Hauptereignisse der Weltgeschichte. Unser ganzes Tun und Treiben hinterlässt Spuren in unserer Umgebung: Auf den Wänden, Möbeln, Gegenständen sind Bilder, Klischees, Erinnerungen eingeprägt; ein vollständiges Gedächtnis ist da auf der ätherischen Ebene aufbewahrt. Einem Medium oder einem besonders sensitiven Menschen ist es möglich, über die Ereignisse, die sich an diesem oder jenem Ort zugetragen haben, einen ausführlichen Bericht zu erstatten.

Auf allen Gegenständen hinterlassen wir Spuren. Schon unsere Anwesenheit allein, die Emanationen unseres physischen und Astralkörpers usw. prägen sich ein, auch wenn wir diese Gegenstände überhaupt nicht berühren. Überall wo wir hingehen, auf den Menschen, mit denen wir verkehren, werden ebenfalls gute oder schlechte, lichtvolle oder dunkle Spuren hinterlassen. Deswegen ist es so wichtig, unsere Gedanken und Gefühle zu prüfen, sie zu läutern und zu veredeln, denn das Gute und das Böse kommen nicht ausschließlich durch unsere Handlungen an den Tag, sondern auch durch unsere Gedanken und Gefühle.[1]

Bevor sie sich in unserer Umgebung einprägen, werden die Spuren, die unsere Gedanken und Gefühle hinterlassen, zuallererst im eigenen Wesen festgehalten. Wer längere Zeit neidische, selbstsüchtige, boshafte Gedanken und Gefühle hegt, setzt sich einer Gefahr aus: Schließlich wird er eines Tages durch die dunkle, Ekel erregende Prägung, die die eigenen Gedanken und Gefühle verursacht haben, sozusagen paralysiert und vergiftet.

Alles prägt sich in uns ein, dafür gibt es Beweise, z.B.: Nach Jahrzehnten erinnert sich plötzlich jemand an eine Begebenheit aus seiner Kindheit. Oder andere berichten nach einem schweren Unfall, der ihnen beinahe das Leben kostete, wie sich ihr Lebenslauf mit rasender Geschwindigkeit vor ihren Augen abgespielt habe, genauso wie eine Filmrolle, die sich von hinten nach vorne abgerollt hätte. Wie kommt es, dass nicht alles verwischt ist?

Sobald ihr über dieses Gesetz der Einprägung Bescheid wisst, fühlt ihr euch verpflichtet, mit Vernunft, Vorsicht und Wachsamkeit zu handeln, um nichts Verwerfliches zu tun, sonst rücken früher oder später nicht nur diese Taten in euer Bewusstsein – ihr werdet sie dann bitter bereuen müssen –, sondern verursachen noch dazu widerwärtige Erscheinungen und Vorfälle. Euch ist es jetzt klar: Alles prägt sich ein. Dazu kommt aber noch ein anderes Gesetz, nämlich das der Affinität. Das Schlechte, das sich in euch eingeprägt hat, wirkt auch in der sichtbaren und unsichtbaren Welt nach, bringt die Anordnung der Atome, der Elektronen durcheinander und zieht feindselige Kräfte heran, die eines Tages beginnen, erbarmungslos an euch zu nagen.

Viele verbürgen sich ja für die Anerkennung dieses Einprägungsgesetzes. Das genügt aber nicht. Dieses Gesetz solltet ihr im täglichen Leben berücksichtigen und überall versuchen – was eure Beschäftigungen auch seien – nur lichtvolle Spuren zu hinterlassen. Ihr geht z. B. einen Weg entlang: Ruft doch den himmlischen Segen herbei, so dass alle Wanderer, vom Frieden begleitet und vom Licht erleuchtet, auf die richtige Bahn gelangen. Warum sollte man sich immer ahnungslos durchs Leben schlagen und sich nur Dreck und Chaos zuziehen? Warum nimmt man nicht die Sonne als Vorbild? Immer von neuem wird das Universum von ihrem Licht, ihrer Wärme, ihren belebenden Ausstrahlungen so großzügig durchflutet... Versucht doch ernsthaft, von chaotischen, destruktiven, negativen Beschäftigungen abzulassen. Bemüht euch endlich einmal zu lernen, wie ihr euch dem Schöpfer und Seinen Kreaturen gegenüber verhalten sollt. Wenn ihr etwas berührt oder irgendwohin geht, solltet ihr nur für Spuren von Licht und Liebe sorgen, damit die Übereinstimmung zwischen menschlicher und himmlischer Welt sich zur vollen Harmonie entfalte.

Anmerkung

1. Siehe Band 224 der Reihe Izvor »Die Kraft der Gedanken«, Kapitel 3: »Die psychische Verschmutzung«.

Teil 2
Das Gesetz der Affinität

Alle, die sich mit den Beziehungen zwischen Menschen und Kosmos auseinander setzten, haben eine vollkommene Korrespondenz zwischen ihnen festgestellt. Jede Vibration steuert auf eine andere gleicher Art hin, um sich mit ihr zu verschmelzen. Durch ihre eigenen Vibrationen und Wellenlängen kommt jede Kreatur in Kontakt mit anderen Wesenheiten, mit anderen Kräften des Universums, die mit denselben Vibrationen und Wellenlängen ausgestattet sind. Durch seine Gedanken, Gefühle und Handlungen knüpft also der Mensch an unterschiedliche Regionen, sichtbare oder unsichtbare Wesen an, die die gleichen Wellenlängen besitzen, und zieht sie an. Diese Wahrheiten sind den Menschen unbekannt, deshalb stürzen sie sich in alles, was ihnen gerade einfällt, und wundern sich nachher über die verheerende Lage, in welcher sie sich befinden.[1]

Setzen wir voraus, wir hätten auf dem Tisch mehrere Stimmgabeln, von denen nur zwei von gleicher Wellenlänge sind. Bringen wir jede dieser Stimmgabeln zum Vibrieren, so wird jede einen anderen Ton von sich geben. Wenn wir aber dasselbe mit einer der beiden Stimmgabeln tun, die mit der gleichen Wellenlänge versehen sind, wird die zweite – ohne angeschlagen zu werden – auf die Vibration der ersten reagieren und genau denselben Ton von sich geben. Ihr seid alle über dieses Phänomen im Bilde. Euch aber ist die Bedeutsamkeit dieses Gesetzes völlig unbekannt. In Wirklichkeit steht der Mensch mit allem, was im Universum existiert, in der gleichen Beziehung. Wenn ihr euch um lichtvolle, selbstlose Gedanken, geläuterte, freigebige Gefühle bemüht, zieht auch ihr aus dem Weltraum Wesenheiten und Elemente heran, die mit euren eigenen Gedanken und Gefühlen in Einklang stehen. So wird euch geholfen, ihr fühlt euch unterstützt.

Das Licht der esoterischen Lehre gibt uns alle Möglichkeiten, unsere Zukunft nach eigenen Wünschen zu gestalten. Sind wir einmal im Stande, bestimmte erhabene Zustände in uns zu bewahren, dann wird uns nichts mehr daran hindern, mit den großartigen, lichtvollen, edlen Wesenheiten, nach denen wir uns sehnen, zusammenzukommen.

Wie oft fühlt ihr euch verwirrt und unglücklich! Da ihr keine Ahnung habt, was zu tun wäre, um euch wieder zurechtzufinden, lasst ihr es dabei bewenden und macht euch keine weiteren Sorgen. Warum versucht ihr nicht, andere Wesen zu erreichen, die euch behilflich sein könnten? Solche Wesen sind überall anwesend, auch in eurer unmittelbaren Nähe. Ruft ihr sie nicht herbei, so werden sie nichts tun, um euch zu helfen. Damit sie eure Stimme hören, solltet ihr wenigstens einen guten Gedanken, ein gutmütiges Gefühl, eine selbstlose Handlung an den Tag legen. So wird es ihnen klar, dass ihr mit ihnen in Einklang steht. Sie fühlen sich dann verpflichtet, sich euch zu nähern und euch Beistand zu leisten.[2]

Die Beschaffenheit der Elemente, der Kräfte, der Wesen, die im Weltraum irgendwo wachgerufen und früher oder später auf euch zusteuern werden, wird durch eure eigenen Gedanken, Gefühle und Handlungen bestimmt, darin besteht kein Zweifel. Dieses Gesetz der Affinität ist eines der magischen Hauptgesetze. Danach solltet ihr euer ganzes Leben einrichten. Jeden Tag, wenn ihr in euch die Anwesenheit bestimmter Gedanken und Gefühle spürt, denkt darüber nach und sagt euch: »Dieser Gedanke, dieses Gefühl steht zwangsläufig in Beziehung mit Elementen und Regionen des Weltraums, die von einer bestimmten Beschaffenheit sind. Was werde ich dann an mich ziehen, wenn ich mit ihnen in Verbindung stehe? Gutes oder Schlechtes?« Ist es etwas Vorteilhaftes, also gut, los!... wenn nicht, passt auf! Wie oft habe ich euch gesagt, wir seien wie Fische im kosmischen Ozean. Fische leben im Meer, im Ozean, und jeder von ihnen zieht die Elemente heran, die seiner Natur entsprechen und zur Gestaltung seines Körpers notwendig sind: Eine bestimmte Länge, einen breiten oder länglichen Kopf, einen bestimmten Schwanz, gewisse bunte, schillernde oder matte graue Schuppen. Mit uns steht es genauso. Auch wir sind Fische und schwimmen im Ozean des Lebens. Unsere Beschaffenheit hängt jeweils von den Elementen ab, die wir zur Gestaltung unserer unterschiedlichen Körper (Astral-, Mental-, und physischer Körper usw.) herangezogen haben. Vor euch steht z. B. ein auf allen Gebieten behinderter Mensch. Der Grund dafür ist auf frühere Inkarnationen zurückzuführen: Durch Ignoranz und Widerwillen ist er mit negativen Wesenheiten und destruktiven Strömungen in Kontakt gekommen. Nun wird er von ihnen geplagt und gefesselt. Andere hingegen haben in vergangenen Inkarnationen alle notwendigen positiven Elemente angesammelt und sind schöne, kluge, leistungsfähige Menschen geworden: Jetzt erwecken sie überall Liebe und Bewunderung. Ihr seht also ein, wie wichtig es ist, über dieses Gesetz Bescheid zu wissen. Setzt euch unmittelbar damit auseinander und bemüht euch, die großartigsten und lichtvollsten Partikel anzuziehen: Bald wird in eurem Zustand eine merkliche Besserung eintreten.

Anmerkungen

1. Siehe Band 205 der Reihe Izvor »Die Sexualkraft oder der geflügelte Drache«, Kapitel 4: »Vom Vergnügen«.
2. Siehe Band 242 der Reihe Izvor »Unerschöpfliche Quellen der Freude«, Kapitel 18: »Der Besuch der Engel«.

Teil 3
Das Gesetz des Rückstoßes

Man kann die Dinge von verschiedenen Standpunkten aus studieren, z. B. in der Physik, der Chemie, der Astronomie, der Politik, der Finanzwirtschaft usw., das ist schon richtig. Aber solange man sie nicht vom Standpunkt der Magie aus untersucht, wird man das Wesentliche übersehen. Ja, solange man nicht weiß, welchen Einfluss die Dinge auf uns ausüben, geht man am Essenziellen vorbei. Alles, überhaupt alles Lebendige in der Natur wirkt sich auf uns aus: die Sonne, die Sterne, die Pflanzen, die Steine, die Tiere...

Das Verhalten der Menschen selbst zieht magische Folgen nach sich: Blicke, Gesten, Worte. Leider sind sich wenige dieser Tatsache bewusst. Sie gestikulieren, werfen den anderen boshafte Blicke zu, bringen negative Worte hervor. Sie wissen nicht, dass der Kosmos einer riesigen Wand gleicht, die jede einzelne ihrer Manifestationen wie ein Echo zurückwirft. Versucht einmal auf einer Wanderung in einem Bergkessel auszurufen: »Ich liebe euch.« Da hallt das Echo wider: »Ich liebe euch... euch... euch.« Das Gleiche kann man für alles im Leben feststellen: Alles, was überhaupt existiert, übt eine bestimmte Wirkung aus, und alles, was ihr tut, kommt doch schließlich auf euch zurück – eine Tatsache, die durch das Gesetz des Echos (oder des Rückschlags) bezeugt wird.

Die Konsequenzen unseres Verhaltens werden aber nicht sofort bemerkbar; zuerst treffen sie andere Menschen, Verwandte, Freunde und manchmal sogar Menschen, die sehr weit entfernt und uns unbekannt sind. Jedoch empfangen sie alle die Wellen, die unsere Gedanken, Gefühle und Handlungen erzeugen.

Jetzt werde ich ein anderes Beispiel aufgreifen, ein von Professor Gravesande angestelltes Experiment: Eine ganze Reihe von Kugeln werden dicht nebeneinander aufgehängt, so dass jede von ihnen die andere berührt. An einem Ende der Reihe hebt man die erste Kugel etwas an und lässt sie gleich zurückfallen: Sie stößt natürlich die zweite Kugel an. In diesem Augenblick geschieht aber etwas Merkwürdiges: Keine Kugel rührt sich außer der letzten, die in einem bestimmten Winkel ausschlägt. Das ist von erheblicher Bedeutsamkeit: Der Rückschlag wirkt sich nur auf die letzte Kugel der ganzen Reihe aus. Diese schlägt aus, während die anderen unbeweglich bleiben, sie haben nur den Impuls weitergegeben.

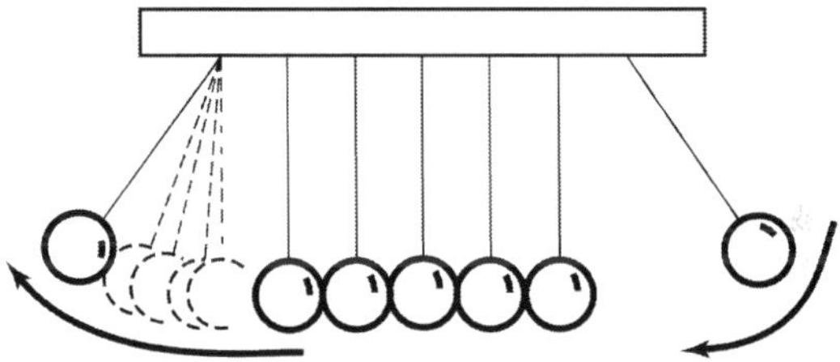

Denkt man über dieses Gesetz nach, so findet man es im täglichen Leben oft wieder. Jedes Land, jede Gesellschaft stellt eine Kombination aneinander gebundener Kugeln dar. Vorausgesetzt, eines der Mitglieder begeht ein Verbrechen, welche Kugel wird dann anschlagen, d. h. für die Verfehlung bezahlen? In der Reihe, eben die letzte Kugel, die dieser Gesellschaft angehört. Es wird aber niemals herauskommen, wer diese letzte Kugel eigentlich ist. Jetzt ist euch die Eigentümlichkeit der Beziehungen von Mensch zu Mensch klar geworden. Ihr seid der Meinung, ihr könnt dieses oder jenes tun, ohne selbst irgendwelchen Nachwirkungen ausgesetzt zu werden. Ja, vielleicht stimmt das für die Gegenwart. Aber später werden andere, die als letzte Kugel in der Reihe stehen, den Rückstoß doch zu spüren bekommen. Dies gilt für das Gute wie für das Böse. Die erste Kugel mag zu der Feststellung kommen: »Die Nachbarkugel habe ich ja angestoßen, es ist aber nichts passiert.« Ja, scheinbar sieht es so aus. Sie weiß aber nicht, dass die letzte Kugel doch bewegt wurde.

Und das ist noch nicht alles. Die letzte angestoßene Kugel schlägt aus und fällt zurück: So wird dasselbe Phänomen erzeugt, aber in entgegengesetzter Richtung; denn die Vibrationen verbreiten sich wieder von einer Kugel zur anderen. Jetzt schlägt die erste Kugel der Reihe aus und fällt ebenfalls zurück, sie erleidet nun selbst den Rückschlag.

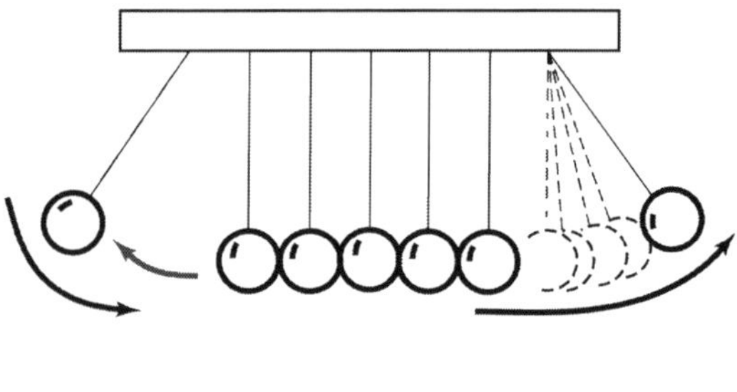

Es stellt sich also klar heraus, dass unsere gegenwärtigen Missgeschicke auf Verfehlungen der Vergangenheit oder sogar auf frühere Inkarnationen zurückzuführen sind: Jetzt trifft uns deren Rückschlag. Wer genug

Zeit hat, sich mit dieser Problematik auseinander zu setzen, alles nachzuprüfen, wird die Prägnanz dieses Gesetzes erkennen müssen.[1]

Ihr möchtet geliebt werden? Bringt also den anderen etwas Liebe entgegen, das ist alles. Wer liebt, erweckt entsprechende Kräfte im Universum. Eines Tages werden diese Kräfte wieder auf ihn zusteuern, ihnen wird er sich nicht entziehen können, jeder wird ihn lieben. Hier geht es – wenn ihr so wollt – um dieselben Gesetze wie in der Landwirtschaft. Ja, man kann wohl sagen, dass die Gesetze für die Landwirtschaft ebenso wirken: »Was der Mensch sät, das wird er ernten.« Ein einziges Körnchen habt ihr gesät, und ihr erntet zehn davon. Ihr könnt eine Lehre daraus ziehen: Alles kommt zu euch zurück, aber in größerem Umfang. Von nun an seid wachsam: Passt auf, nicht nur auf euer Tun und Treiben, sondern auch auf die Gesamtheit eurer Gedanken, Gefühle und Begierden. Denn wenn es wirklich stimmt, dass sie den anderen zuerst schaden, dann werdet ihr doch eines Tages deren rückschlagende Wirkung selbst spüren.[2]

Anmerkungen

1. Siehe Band 12 der Reihe Gesamtwerke »Die Gesetze der kosmischen Moral«, Kapitel 8: »Die Reinkarnation«.
2. Siehe Band 12 der Reihe Gesamtwerke »Die Gesetze der kosmischen Moral«, Kapitel 7: »Naturgesetze und moralische Gesetze«.

Kapitel 12

DIE HAND

Alles geht durch die Hände und wird durch sie übertragen, und auf allem, was ihr berührt, hinterlasst ihr auch eigene Spuren. Diese sind einmalig, kennzeichnend für euch selbst und keinen anderen. Es ist möglich, anhand von Fingerabdrücken die Identität eines Menschen festzustellen. In der gesamten Menschheit kommt es nie zu zwei identischen Fingerabdrücken. Aus dieser Tatsache geht hervor, dass die Hand fähig ist, den einzigartigen Charakter eines Menschen widerzuspiegeln. Alles, was durch eure Hände zum Ausdruck kommt (Fluida, Emanationen usw.), offenbart den Kern eures Wesens. Nimmt ein wirkliches Medium, ein wirklicher Hellseher einen von euch berührten Gegenstand als Ansatzpunkt, so ist er in der Lage, eure guten Eigenschaften, eure Mängel sowie euren Gesundheitszustand und die Begebenheiten aus eurem gegenwärtigen und vergangenen Leben zu erkennen.

Auf jedem Ding also, mit dem ihr in Berührung kommt, werden Spuren hinterlassen. Überreicht ihr jemandem ein Geschenk, so wird schon damit etwas von euch selbst übertragen. Wenn ihr kein anständiges Leben führt, werden eure negativen Emanationen mit übertragen. So großartig und kostspielig das Geschenk auch sei, es wird sich nicht günstig auf den Empfänger auswirken. Der bloße Wunsch, jemandem eine Freude zu machen, reicht nicht aus, um zu seinem Wohl beizutragen. Dazu müssen nicht nur das Herz, sondern auch der Intellekt und der physische Körper – durch ihre geläuterten lichtvollen Ausstrahlungen – dieses Wohlwollen an den Tag legen. Sonst gebt ihr ein wenig Gutes, das aber etwas Verdorbenes in sich birgt.

Unsere Hände gleichen Antennen, die fähig sind, die Energieströme aus dem uns umgebenden kosmischen Ozean anzuziehen und in sich aufzunehmen. Können wir diese Ströme nur abgeschwächt auffangen, so kommt es daher, dass unser Bewusstsein nicht ganz wach ist oder in eine andere Richtung zielt. Die Magier verstehen sich auf die Verwendung ihrer Hände. Mit ihnen können sie Kräfte empfangen oder projizieren, zurückhalten oder orientieren, sie verstärken oder reduzieren... Im alten Testament wird über Moses berichtet: Wenn er die Hand während der Kämpfe hob, trug sein Volk jedes Mal den Sieg davon, denn über die Macht der Hand wusste Moses genau Bescheid. Mit seiner Hand projizierte er bestimmte Kräfte und zog Wesenheiten heran, die den Kriegern Beistand leisteten. Dauerte die Schlacht längere Zeit an, so kamen Gefolgsleute herbei und stützten seinen Arm.

Ist es möglich, die Macht der Hand bei Feindseligkeiten anzuwenden, warum sollte man sie nicht gebrauchen können, um Liebe und Harmonie hervorzurufen? Sind einige gerade dabei, einander niederzumetzeln, dann hebt die Hand. Gleich werden sie die Waffen beiseite legen, einander umarmen. Sie werden sich weigern weiterzukämpfen, ein Beweis, dass eure Ausstrahlungen sich schon positiv und wohltuend ausgewirkt haben.

Wer nun weiß, wie er die Hand ausstrecken soll, um die Kräfte aufzunehmen, sie auf sich selber und auf die anderen zu projizieren, damit alles ausgeglichen, gereinigt, geheilt und belebt werde, der wird ein Sohn Gottes.

Die Bedeutsamkeit der Hand wird ganz besonders im täglichen Leben offenbar, denn für die Menschen stellt sie eine Verbindungsmöglichkeit dar. Was tun sie, wenn sie zusammenkommen oder sich verabschieden? Zur Begrüßung heben sie den Arm oder drücken einander die Hand. Deswegen sollte man mit größter Wachsamkeit auf die Hand achten, wenn man etwas gibt. Man begrüßt sich gegenseitig, um zum Wohl des anderen beizutragen, ihm etwas zu überreichen. Wer nichts zu geben weiß, zeigt damit, wie armselig und erbärmlich er ist.[1]

Selbstverständlich bedeutet für viele ein Händedruck, eine Handbewegung nichts anderes als ein konventionelles Zeichen. In diesem Falle wäre es besser, darauf zu verzichten. Wenn man einander automatisch begrüßt, und dabei noch zurückhaltend und verschlossen dasteht, hat das alles keinen Sinn. Für diejenigen aber, deren Bewusstsein vollkommen wach ist, wird dieser Geste eine ganz besondere Bedeutung und Wirksamkeit beigemessen. Damit wird die Möglichkeit geboten, manchem wieder Mut und Trost einzuflößen, ihn wieder zu beleben, ihm viel Liebe entgegenzubringen. Eine Begrüßung sollte wirkungsvoll, harmonisch, lebendig vor sich gehen, zu tieferem innerlichem Kontakt führen.

Die Hand stellt eine Verbindungsmöglichkeit dar, nicht nur mit den Menschen, sondern auch mit der Natur. Wenn ein wirklicher Magier morgens seine Tür aufmacht, grüßt er die gesamte Natur, die Bäume, den Himmel, die Sonne... Er hebt die Hand und begrüßt den neuen Tag und die ganze Schöpfung. »Wozu?« werdet ihr fragen. Nun! Auf diese Weise kommt man gleich mit der Quelle des Lebens in Kontakt, ja wirklich, weil die Natur eine

Antwort gibt. Nähere ich mich einem See, einem Berg oder einem Wald, so begrüße ich sie, spreche sie an. Wie oft, wenn ich morgens in meinen Garten hinausgehe, begrüße ich die Natur und die Engel der Luft und des Wassers, der Erde und des Feuers und sogar die Erd- und Wassergeister, die Elfen, die Salamander. Dann darf man zusehen, wie sie tanzen und singen, wie sie sich freuen. Den Bäumen, den Steinen, dem Wind wünsche ich auch guten Morgen. Ihr solltet es ebenfalls versuchen!... Dabei werdet ihr eine gewisse innere Ausgeglichenheit und Harmonie fühlen. Manches, was noch rätselhaft, unbegreiflich war, wird dann klar, einfach, weil ihr euch entschlossen habt, die lebendige Natur und jede in ihr wohnende Kreatur zu begrüßen. Habt ihr einmal gelernt, in lebendiger Verbindung mit der ganzen Natur zu stehen, so wird euer Wesen von dem neuen Leben erfüllt.[2]

Die Hand ist ein magisches Werkzeug. All das, was die Menschen jetzt mit ihren Händen tun, ist nichts im Vergleich zu dem, was sie tun könnten. Dank seinen Händen hat der Mensch alles erworben, was er besitzt; in seinen Händen liegt noch seine ganze Zukunft. Die Hand ist ein lebendiges Wesen mit eigenem Gehirn, eigenem Nervensystem, eigenem Magen. Ja, wie sich das Universum in den verschiedenen Organen unseres Körpers widerspiegelt, ebenso spiegeln sich die Organe unseres Körpers in der Hand wider. Die Hand steht genau in den gleichen Beziehungen zu unserem Körper wie dieser zu dem Universum.

Anmerkungen

1. Siehe Band 231 der Reihe Izvor »Saaten des Glücks«, Kapitel 15: »Für Selbstsüchtige gibt es kein Glück« und Kapitel 16: »Gebt, ohne etwas dafür zu erwarten!«.
2. Siehe Band 238 der Reihe Izvor »Der Glaube versetzt Berge«, Kapitel 11: »Gott ist das Leben« und Kapitel 12: »Gott in der Schöpfung«.

Kapitel 13

DER BLICK

Das Licht, die Farben, die Formen können wir durch das Auge wahrnehmen, so wie die Töne durch das Ohr. Sie sind passive, rezeptive Organe. Im Unterschied zu den Ohren können aber die Augen auch emissiv, aktiv sein. Der Mensch drückt sich durch seinen Blick aus: Er suggeriert, beeinflusst, befiehlt. Aus diesem Grund kann man den Blick in die Kategorie der Gesten einordnen. Genau wie sie sollte er beherrscht, erzogen werden, so dass er sich nur günstig und wohltuend auswirke. Folgende Vorschrift wäre zuallererst zu beachten: Keiner ist dazu berechtigt, die Menschen anzustarren, um sich ihnen aufzudrängen. Es ist auch nicht empfehlenswert, sie mit ausdruckslosem, passivem Blick anzuschauen, denn dadurch werden sie entmagnetisiert, völlig ausgesogen, sogar vampirisiert. Der Vampirismus existiert ja in allerlei Formen in der Gestik, im Wort, im Blick... Gewisse Menschen treiben den Vampirismus so weit, dass sie – bewusst oder nicht

– durch ihren Blick die gesamte Vitalität der anderen an sich ziehen. Ich habe es oft selbst erfahren. Es gibt Leute, deren Blick ich nicht gern begegne, denn dadurch werden meine gesamten Energien wie gelähmt, als überfiele mich eine gewisse Erstarrung. Für solche Menschen kann ich überhaupt nichts tun. Andere hingegen, die einen lebhaften Blick haben, beschenken mich durch ihr Anschauen. Diesen kann ich dann viel mehr entgegenbringen.

Man sollte sich selbst ständig beobachten, den Ausdruck der eigenen Augen überwachen und sich immer fragen, ob man gibt oder nimmt. Geben ist an sich gut. Als Gegengabe ist es aber nicht schlecht zu empfangen, denn das Wichtigste ist eben, sich gegenseitig zu beschenken. Denjenigen, der nur am Nehmen interessiert ist, möchte man loswerden, als wäre er ein Dieb. Hingegen wird man von dem angezogen, der sich darauf versteht, etwas zu geben, etwas auszustrahlen, denn er ist dabei, die höchste Magie auszuüben.[1]

Wenn ihr also andere Menschen anseht, tut es mit Liebe, ohne euch aufzudrängen, damit sie weiter frei bleiben. Sie sollen sich nicht gezwungen fühlen, eure Blicke zu beantworten oder sich nach euren Wünschen zu richten. Wollt ihr aber unbedingt euren Willen durchsetzen, so kommt sich der andere belästigt, vergewaltigt vor; ohnehin kann ihn doch nichts zwingen, euch gegenüber aufgeschlossen zu sein. Euer ganzes Tun und Treiben wird erfolglos bleiben. Wie kann man denn die anderen für sich gewinnen? Durch das Geheimnis der selbstlosen Liebe. Eine solche Liebe versucht niemals, der Seele oder des Herzens der anderen durch Gewalt Herr zu werden.

Die Astrologen werden euch erklären, dass die Menschen diesen oder jenen Blick haben, je nach dem Planeten, der in ihrem Horoskop eine dominierende Rolle spielt. Ist es der Mond, so ist ihr Blick eher verschwommen und träumerisch, ein Beweis, dass sie nicht ganz bei der Sache sind. Ist Merkur dominant, so irren ihre Blicke rasch und verstohlen umher, entdecken manchmal... was in euren Taschen steckt! Diejenigen, die unter dem Einfluss von Venus stehen, werfen schmachtende oder zärtliche Blicke, um euch heranzulocken. Wenn Mars eine herrschende Position innehat, starrt euch der Mensch mit trotzendem Blick an, als wollte er euch warnen: »Passen Sie auf! Ich bin zum Kampf bereit!« Mit souveränem Blick weist Jupiter auf seinen Schutz hin: »Ihr könnt euch auf mich verlassen, ich verkehre mit prominenten Menschen und werde schon für euch eintreten!« Saturn sieht einen jeden misstrauisch an, überprüft ihn argwöhnisch, denn er glaubt, dieser wäre schon dabei, ihm zu schaden. Die Sonne aber blickt euch offen und in aller Klarheit an.

Wie sollten wir uns also gegenseitig anschauen? Auf jeden Fall nicht wie Saturn es tut, mit seinen misstrauischen Blicken. Vielleicht werdet ihr einwenden, dass man betrogen und beraubt wird, wenn man den Menschen zu viel Vertrauen entgegenbringt. Es mag schon stimmen; bleibt ihr aber ewig argwöhnisch, so werdet ihr bei den anderen dieselbe negative Einstellung hervorrufen... Wie unerträglich wäre dann das Leben!

Wenn die Menschen sich auf der Straße oder sonst irgendwo begegnen, sehen sie sich meistens gleichgültig an, wie Fremde oder sogar wie Feinde. Mit gütigen, lichtvollen Blicken könnten sie doch einander helfen, sich gegenseitig aufmuntern. Daran denken sie aber nur, wenn ein Vorteil in Aussicht steht. Gibt sich jemand dem Zweifel, dem Kummer, der Verzweiflung hin, dann habt ihr durch euren Blick die Möglichkeit, ihn wieder zu ermutigen. Überall auf der Straße, im Zug, im Bus oder in der U-Bahn begegnet ihr vielen Menschen, die ihr durch gutmütige Blicke, positive Gedanken unterstützen könnt. Der Tatsache werden sie nicht gewahr; ihre Seele aber und die spirituellen Wesenheiten, die ihnen innewohnen, werden eure gute Absicht schon zu schätzen wissen, und der innere Zustand dieser Menschen wird sich bessern.

Manchmal fühlt man sich plötzlich, und scheinbar ohne Grund, so überglücklich, als ginge einem das Herz auf. Es ist jedoch sehr einfach. Sicher ist es schon vorgekommen, dass jemand auf der Straße es euch so sehr angetan hat, dass ihr ihm beim Vorübergehen einen guten Gedanken, ein Gefühl aufrichtiger Liebe habt zukommen lassen? Euch hat er wahrscheinlich nicht einmal gesehen. Was ihr ihm aber geschenkt habt, hat er aufgenommen, ist dadurch reicher geworden. Wenn ein Gefühl plötzlicher Glückseligkeit euch durchflutet, ist es ein Beweis, dass eine Wesenheit aus der spirituellen Welt euch erblickt hat. Den Strahl ihrer lichtvollen Liebe habt ihr in der Tiefe eures Herzens empfunden.

Ja, in der unsichtbaren Welt gibt es Wesenheiten, die euch sehr zugetan sind. Laufen sie euch einmal über den Weg, so blicken sie euch mit Güte an. Es ist auch möglich, dass euch ein Feind entgegenkommt, ihr fühlt euch dann verletzt, tief betroffen. Tausende von Menschen kommen in aller Welt zusammen und knüpfen Beziehungen an. Genauso steht es in der unsichtbaren Welt: Auch auf dieser Ebene bewegen wir uns unter unendlich vielen Wesen; die einen strahlen wohltuende, die anderen schädliche Strömungen aus; da liegt eben die Erklärung mancher unserer innerlichen Zustände. Dem Blick wohnt eine ungeheure Kraft inne. Manchmal erkranken gewisse Menschen, weil andere, die sie nicht mögen, sie böse angeschaut haben. Ob diese Wesen aus der sichtbaren oder unsichtbaren Welt stammen, spielt dabei keine Rolle.

Unser Benehmen sollten wir jeden Tag überprüfen und vor Augen haben, damit kein einziges Wesen von uns je einen schlechten Blick bekomme. Auf Erden schauen die Menschen einander ständig mit drohendem Blick an. Seid dankbar, dass die irdischen Gesetze nicht so streng sind wie die himmlischen. Erlaubte sich ein Bewohner des Himmels nur einen einzigen feindlichen Blick, so würde er unmittelbar hinausgeworfen und in die niederen Regionen verbannt. Sicher sind wir alle wegen boshafter Blicke wieder auf Erden hinunterbefördert worden! Das Tor des Paradieses wurde hinter uns geschlossen. An dem Ort, an den wir geraten sind, werden Tag für Tag solche Verfehlungen begangen. Übrigens ist der Krieg nichts anderes als eine Nachwirkung – unter vielen anderen – von den Blicken, die die Menschen gegenseitig austauschen.

Kommt man an einen Menschen heran, so darf man ihn nur mit einem Ausdruck spiritueller Liebe anblicken, genauso wie die Sonne, die uns täglich mit ihren Ausstrahlungen immer von neuem belebt. Die Sonne ist das großartigste, erhabenste Ebenbild Gottes. Jeden Tag sollten wir vor Ihm erscheinen, uns in Seine Betrachtung vertiefen mit der Hoffnung, Er möge uns einmal mit einem Blick Seiner Augen begnaden. Ein einziger Blick Gottes kann uns verwandeln. Solch einen Blick werden wir nie, in aller Ewigkeit, vergessen. Aus diesem Grund sollte man der Annäherung Gottes so viel Zeit widmen, bis Er uns einen Blick vergönnt.

Das spirituelle Leben beginnt mit der Erziehung des Blickes. Hier wird natürlich das Wort »Blick« im symbolischen Sinne gemeint. Er weist überhaupt auf alles hin, denn der Blick ist ja eine Projektion von wohltuenden oder schädigenden, dunklen oder lichtvollen Kräften und Energien. Die Astrologie hat die Bedeutsamkeit des Blickes schon immer hoch bewertet. Ihr solltet sie erforschen, und auch ihr werdet zu der Schlussfolgerung kommen, dass sich alles durch den Blick erklären lässt: Wirft ein Planet in einem Horoskop einem anderen böse Blicke zu, so zieht diese Tatsache für die betreffende Person gewisse schwierige Verhältnisse nach sich, aus denen sie sich dann nur mit größter Mühe herausarbeiten kann. Die Blicke, die von den Planeten stammen, werden auf der materiellen Ebene herauskristallisiert. Da dieser Ebene eine erhebliche Widerstandskraft innewohnt, ist es nicht leicht, etwas daran zu verändern.

Um die schlechten Auswirkungen der Planeten zu neutralisieren, sollten wir uns vor allem daran gewöhnen, selbst die gesamte Schöpfung, die Steine, die Pflanzen, die Tiere gutmütig anzuschauen... Dann wird auch uns der Himmel günstige Blicke zukommen lassen, denn diese Blicke allein vermögen alles zu neutralisieren, was wir im Laufe unserer Inkarnationen von unseren Feinden der Astral-, Mental- und physischen Ebene aufgenommen haben.

Der Blick ist der Ausgangspunkt so vieler Dinge im Leben! Liebe, Hass, Unfälle usw. gehen aus einem Blick hervor. Eine Frau z. B. ist einem Mann aufgefallen, er wirft ihr einen bestimmten Blick zu, und auf der Stelle ist sie in ihn verliebt. Auf diesen Blick ist die Verkettung aller sich daraus ergebenden Begebenheiten zurückzuführen. Wer jemanden böse anschaut, löst ebenfalls Verwirrungen und Konflikte aus.

Befasst euch mit dieser Problematik in eurem Familienkreis oder im gesellschaftlichen Leben, und ihr werdet es wohl einsehen müssen: Unzählige Dinge hängen von der Art und Weise ab, in welcher die Menschen einander anblicken. Seine Mitmenschen anzuschauen ist eine Kunst, die ein ganzes Wissen voraussetzt. Die Nachwirkung des Blickes auf das Schicksal des Menschen ist noch nicht geklärt. Behauptet nicht, das sei belanglos. Im Blicke ist alles mit einbezogen, er ist eine Synthese des ganzen Menschen und gibt außerdem noch allem, worauf er sich richtet, sein besonderes Gepräge. Um den eigenen Blick zu ändern, muss man seine gesamte Lebensweise, seine Art zu denken, zu fühlen, zu handeln in ganz andere Bahnen bringen, denn durch den

Blick offenbaren sich der ganze Charakter, das ganze Temperament eines Menschen. Seine Mängel und guten Eigenschaften übertragen sich auf die anderen, auf die Gegenstände und prägen sich ein. Der Blick ist also von höchster Wichtigkeit. Die Astrologie schlug keinen falschen Weg ein, als sie das Horoskop eines Menschen als die Synthese der gesamten Blicke definierte, die die Planeten im Augenblick seiner Geburt ausgetauscht haben.

Zürnt ihr jemandem, so verspürt ihr eine Neigung, ihn boshaft anzublicken. Seid wachsam, ihr solltet nie feindselige Blicke werfen. Schließt lieber die Augen und bemüht euch, die erweckte Kraft zu verarbeiten. Wenn ihr jemandem böse Blicke gebt, wird eine Kraft projiziert, die sich ohne euer Wissen weiter auswirkt; eines Tages wird sie zurückschlagen.

Es ist auch nicht ratsam, längere Zeit mit niedergeschlagenen Augen dazustehen, denn auf diese Weise kommt man mit den unterirdischen Mächten in Verbindung. Ihr solltet gelegentlich zum Himmel hinaufschauen, um euch loszulösen. Selbstverständlich sollte man auch nicht allzu lange in die Luft gucken. Schaut ihr bei einem Gespräch einen Menschen an, so ist es nicht gut, den Blick plötzlich auf den Boden zu richten. Möchtet ihr gerne wissen, was jemand neben euch tut, so wendet ihm ganz deutlich den Kopf zu. Begnügt euch nicht mit einem schrägen Blick, denn diese schlechte Gewohnheit weist auf einen Mangel an Offenherzigkeit hin. Während eines Gesprächs sollte man seine Augen auch nicht abdecken, denn durch eine solche Geste wird eine Schranke errichtet zwischen der äußeren Welt und unserem inneren Wesen.

Es wird schon ein Tag kommen, an dem die Menschen einander anschauen, wie Gott es selber tut. Es wird dann zwischen ihnen zu keinen schädlichen Gedanken mehr kommen. Jeder wird seiner Liebe freien Lauf lassen durch seine Augen, durch sein Lächeln. Der Blick ist Gottes eigene Sprache. Durch den Blick drücken sich Gott und die Engel aus. Im Himmel hat keiner Zeit stehen zu bleiben, um euch anzusprechen: Die Engel durchqueren den Weltraum mit einer rasenden Geschwindigkeit, welche die der Sonne noch übertrifft. Beim Vorbeigehen vergönnen sie euch jedoch einen Blick, der sich für alle Ewigkeit in euch einprägt: Dadurch werdet ihr geheilt, erleuchtet, sogar gerettet. Solch ein Blick hat auf der ganzen Welt nicht seinesgleichen. Das eben ist die besondere Sprache des Himmels.

In Zukunft werden sich die Menschen nur durch die Augen ausdrücken, denn der Mund ist noch nicht fähig, alle subtilen Gefühle in Worte zu fassen.[2] Stellt euch z. B. vor, dass euch Hunderte von Menschen auf offener Straße über den Weg laufen: Jeder gibt euch einen geläuterten Blick, ihr habt den Eindruck, in das Reich Gottes einzutreten! Lauerte vielleicht Verzweiflung auf euch, dann werdet ihr durch diese vertrauensvollen Blicke unmittelbar geheilt, von neuem belebt. Die Macht des Blickes habt ihr schon erfahren; leider beziehen sich eure Erfahrungen hauptsächlich auf verwirrende, verletzende Blicke.

Bleiben wir jetzt ein paar Minuten still... Möge es jedem von euch gelingen, allen Wesen auf der Erde schöne mit Licht und Liebe erfüllte Blicke entgegenzubringen.

Wer seinen Blick nicht beherrscht, kann keiner esoterischen Schule angehören. Wie kann man denn – wenn man tagein tagaus unbewusst negative Kräfte auslöst – die erhabensten Offenbarungen vom Himmel erhoffen? Die wahren Schüler der göttlichen Lehre wissen genau darüber Bescheid, wie sie den lichtvollen Wesen von der sichtbaren und unsichtbaren Welt ihren Blick und ihre Begrüßung übermitteln können. Sie verstehen sich darauf, diesen Wesen jeden Tag ihren eigenen Gruß zu überbringen und deren Gegengabe zu empfangen. Durch diesen Austausch fühlen sie sich immer wieder, immer tiefer gestärkt und erleuchtet.

Anmerkungen

1. Siehe Band 11 der Reihe Gesamtwerke »Der Schlüssel zur Lösung der Lebensprobleme«, Kapitel 3: »Vom Nehmen und Geben – Sonne, Mond und Erde«.
2. Siehe Band 229 der Reihe Izvor »Der Weg der Stille«, Kapitel 10: »Menschliches und Göttliches Wort«.

Kapitel 14

DIE MAGISCHE KRAFT DES VERTRAUENS

Verdacht, Misstrauen, Zweifel sind zerstörerische Kräfte. Damit meine ich nicht, Misstrauen und Verdacht seien nie angebracht, das nicht; blindes Vertrauen ist nicht empfehlenswert. Ich möchte aber euer Augenmerk auf die negativen Kräfte richten, die der Mensch unversehens auslöst und um sich herum projiziert, wenn er Misstrauen und Verdacht in sich selbst walten lässt.

Bringt ihr jemanden in Verdacht, so fordert ihr ihn auf, eben das zu tun, dessen ihr ihn verdächtigt. Ein Ehemann z. B. hat den Verdacht, dass ein anderer seine Frau umarmt hat und beschuldigt sie der Untreue. In Wirklichkeit stimmt es nicht. Sie protestiert und versucht sich zu rechtfertigen, alles umsonst. Der Mann legt krankhafte Eifersucht an den Tag, hört nicht auf, ihr Kommen und Gehen zu überwachen und macht ihr immer neue heftige Vorwürfe. Was geschieht nach einiger Zeit?

Diese Ehefrau, die ihrem Mann immer treu bleiben wollte, verrät ihn schließlich doch, und das zu ihrem eigenen Erstaunen! Sie begreift nicht, wie sie sich hat hinreißen lassen, einen Ehebruch zu begehen. Ihr Mann ist es, der sie einfach dazu getrieben hat. Ja, durch seine Anschuldigungen hat er die günstigen Voraussetzungen geschaffen, sie auf der Astralebene dazu angeregt: Letzten Endes ist die arme Frau der Versuchung erlegen, obgleich sie ehrlich war und nicht nachgeben wollte... Ihr seht also, wie diese armseligen, unwissenden Ehemänner zum Untergang der eigenen Frau beitragen! Genauso steht es übrigens mit einem Ehemann: Durch die ewigen Vorwürfe seiner Gattin, die sich betrogen glaubt, wird dieser schließlich untreu. Die Worte müssen doch der Realität entsprechen! Wie viele Tragödien und Dramen wachsen aus Zweifel, Verdacht und Misstrauen heraus!

Frauen und Männer sind also unbewusste Gestalter des Guten und des Bösen. Warum fällt es ihnen so schwer, dieses psychologische magische Gesetz zu begreifen? Und damit ist noch nicht alles gesagt. Man sollte die doppelte Natur des Menschen – die niedere und die höhere – in Betracht ziehen. Die Auswirkungen, die ihr in einem Menschen hervorruft, hängen also von den Kräften ab, die in der einen oder der anderen Natur erweckt werden. Bringt ihr jemanden ununterbrochen in

Verdacht, so kommt ihr mit seiner niederen Natur in Verbindung, die nicht nur dadurch gestärkt wird, sondern euch auch bestimmten Strömungen aussetzt: Eines Tages werdet ihr dieselben Verfehlungen, dieselben Schwächen aufweisen wie derjenige, dem ihr so zugesetzt habt. Befasst ihr euch ständig mit den Mängeln der anderen, so lasst ihr ihnen freie Bahn in euch selber und verzögert dadurch die eigene Entwicklung.

Habt ihr nur die Laster und Verbrechen der Menschen im Sinn, dann zieht ihr alle schädlichen Wesenheiten heran, die in eurem Gegner, eurem Nachbarn oder in den Mitgliedern eurer Familie hausen. Ihr solltet also nicht staunen, wenn ihr euch eines Tages herabgewürdigt fühlt. Das Phänomen ist einfach magisch, für das Gegenteil stimmt es übrigens auch. Habt ihr einmal beschlossen, jemandes Verfehlungen euch nicht dauernd vor Augen zu halten, sondern euch mit seinen Tugenden, seinem Geist in Verbindung zu setzen – ob er sich dessen bewusst ist oder nicht, ist belanglos –, so kommen zwischen euch beiden Beziehungen, Ströme zustande, und eines Tages werdet ihr euch auch seine guten Eigenschaften aneignen. Wer über dieses wesentliche Gesetz der Wechselwirkung, der Osmose, der Verschmelzung, Bescheid weiß, dem leuchtet es ein, wie wichtig es ist, endgültig von den

Schwächen der anderen loszulassen und im Gegensatz dazu den Umgang mit hoch entwickelten Menschen zu suchen. So handeln diejenigen, die etwas Klarsicht und Scharfsinn besitzen. Die anderen bleiben weiterhin unbedeutende, armselige Schwächlinge, die auf die Mängel und Gemeinheit der Menschen erpicht sind, ohne im Entferntesten zu ahnen, was ihnen bevorsteht.

Von nun an solltet ihr von ewigem Zweifel und Verdacht ablassen. Bildet ihr euch denn ein, dass ich mein Leben mit Zweifel vergifte? Nein! Von Anbeginn habe ich mit Überzeugung und Zuversicht gearbeitet. Den Menschen bringe ich Zutrauen entgegen. Viele sind gehemmt, weil das Schicksal sie unerbittlich verfolgt hat, das weiß ich. Stelle ich ihnen aber – symbolisch gesprochen – ein kleines Kapital zur Verfügung, so können sie ein Geschäft eröffnen, viel Geld erwerben und mir dieses Kapital zurückerstatten und sogar noch zahlreichen Menschen helfen, die selber auch anderen vertrauen können, damit sie sich wieder aufrichten und ihrer Schwierigkeiten Herr werden. Hätte Gott kein Vertrauen zu den Menschen, so könnte kein einziger von ihnen weiterbestehen. Auch ich bemühe mich, zu handeln wie der Herr. Viele sind zu mir gekommen. Ich sah wohl ein, dass sie arme Teufel waren; doch habe ich ihnen vertraut. Einige haben versucht, etwas zu erlernen und jetzt bringen sie mir das Gegebene zurück. Menschen, denen man kein Vertrauen schenkt, wird es ewig schlecht ergehen.

Ohne Vertrauen kommt nichts zustande. Steigt ihr in euer Auto ein, so müsst ihr zu den anderen Fahrern auf der Straße Vertrauen haben. Wenn ihr immer wieder denkt: »Ach! Der kann überhaupt nicht fahren oder der steuert auf mich zu«, kommt ihr selbst in Verwirrung, und ihr seid es dann, der auf die anderen zufährt! Damit alles glatt verläuft, ist das Vertrauen unbedingt notwendig. Glaubt ihr denn, dass ich die Schwächen nicht bemerke, die auf den Gesichtern mancher Menschen eingeprägt sind? Vorausgesetzt, dass ich weder Intuition noch Hellsichtigkeit besäße, habe ich doch Physiognomie studiert. Was ich zu sehen bekomme, werde ich aber nicht verraten. Ich spreche übrigens nie darüber, das behalte ich für mich allein. Allen schenke ich mein Vertrauen, darin besteht eben mein Geheimnis. Dank diesem Vertrauen gelingt es mir, etwas zustande zu bringen. Leider macht es mir keiner nach. Niemand bemüht sich zu verstehen, dass eben das Vertrauen das Göttliche in den anderen erwecken kann.

Vertraut ihr jemandem – wie trunksüchtig, lasterhaft und schwach er auch sein mag –, so treibt ihn dieses bewiesene Vertrauen oft an, sich zu bessern, denn er möchte euch zeigen, wie berechtigt euer Vertrauen in seinen Edelmut und seine Erhabenheit war. Sogar einem Verbrecher kann es manchmal gelingen sich zu wandeln, vorausgesetzt, ihr bringt ihm Vertrauen entgegen. Durch das Vertrauen werden die Menschen entwaffnet. Ihr wollt euch aber nicht mit seiner Macht auseinander setzen. Natürlich kann es von Zeit zu Zeit vorkommen, dass ihr euch durch euren Vertrauensbeweis ein paar Rückschläge zuzieht... Ein solches Risiko sollte man schon in Kauf nehmen. Gemessen an allen guten Dingen, die geschehen können, lohnt es sich aber doch, sein Vertrauen weiterhin zu schenken. In einer Kiste voller Äpfel und Birnen sind immer einige verfaulte Früchte darunter, soll der Händler deswegen die ganze Kiste wegwerfen? Unter denjenigen, denen ich vertraute, haben mir ja ein paar viel Böses zugefügt. Aber zahlreicher sind doch diejenigen, die mir mein Vertrauen hundertfach vergolten haben.

Wer die magische Rolle des Vertrauens nicht versteht, bleibt weiterhin misstrauisch, verschlossen, zurückhaltend, argwöhnisch. Er wird aber für klug gehalten. Natürlich fährt ihn niemand an, aber beliebt ist er auch nicht. Ist es also nicht günstiger, etwas angefaucht und gestichelt zu werden, wenn man am Ende die ganze Welt auf seiner Seite hat? Vielleicht mag es vorkommen, dass manche eurem Vertrauen nicht gewachsen sind und euch verraten... Für mich ist das nichts Neues! Sollte man denn alle verhöhnen und endgültig unter dem Vorwand zurückstoßen, dass sich ein paar Menschen schwach, selbstsüchtig, boshaft und undankbar erweisen? Natürlich nicht, das wäre keine gute Philosophie.

Wenn nur die Menschen die magischen Gesetze kennen würden, könnten sie trotz Unglück, Missgeschick, Boshaftigkeit und Verrat den anderen weiterhin vertrauen und helfen, sie erleuchten und ihnen die Schätze der gesamten Natur zugänglich machen. Eines Tages werden alle, die ihnen Böses angetan haben, bittere Tränen weinen, wenn sie einmal begreifen, dass sie dabei waren, ihren größten Wohltäter zugrunde zu richten... Ja, sie werden sich ihrer Gemeinheit schämen. Ihnen bleibt dann nichts übrig als zu verschwinden und sich auszuweinen. Als ich das begriffen hatte, wählte ich lieber Vertrauen, Liebe und Geduld. Sogar mit all denen, die nur darauf aus sind, mir das Grab zu schaufeln, versuche ich mich abzufinden und höre doch nicht auf, ihnen mein Bestes zu geben.

In Wirklichkeit gibt es kein grausameres Wesen als einen Eingeweihten, denn er hat die wirksamste Rache entdeckt. Er sagt zu sich selber: »Alle andern rächen sich durch Kritik und Anschuldigung, sogar durch Waffen; alles bleibt wirkungslos. Um eine Rache wirklich zu vollziehen, sollte man nicht versuchen, seinen

Feinden zu schaden, sondern sie unermüdlich weiter erleuchten und ernähren, denn es wird der Tag kommen, an dem sie ihre Gemeinheit, ihre Undankbarkeit bereuen. Sie werden sich dann keinen Rat mehr wissen, um sich zu entschuldigen und ihre Verfehlungen wieder gutzumachen.«

Ich habe mich ein für alle Mal entschieden, mich nicht zu sehr mit dem Tun und Treiben der Menschen zu beschäftigen. Ich sage mir, dass diejenigen, die sie auf die Erde hinabgeschickt haben, schon wissen, was mit ihnen geschehen soll. Ich bin kein Richter und kümmere mich lediglich um die eigene Arbeit. Was euch anbelangt, könnt ihr euch nach Belieben mit all dem Niederen und Negativen in den anderen auseinander setzen, das Ergebnis werdet ihr wohl feststellen können! Inzwischen konzentriere ich mich auf eure höhere Natur, auf die Gottheit, die euch innewohnt: Ich will sie frei machen, ich will sie ernähren. Auf diese Weise werde ich eines Tages den ganzen Himmel für mich gewinnen. Ja, weil mein Kopf von einer Wissenschaft erfüllt ist. Wäre diese nicht vorhanden, so würde ich wie der erste Beste handeln. Aber dank meinen Kenntnissen, dank diesem Licht, das Gott mir vergönnt hat, versuche ich aus all dem Großartigsten, das es überhaupt gibt, Vorteil zu ziehen. Warum solltet ihr euch nicht dazu entschließen und euch ein Beispiel an mir nehmen?

Kapitel 15

DIE WIRKLICHE MAGIE IST DIE LIEBE

Die Liebe ist es, die den Menschen die Magie gelehrt hat. Liebt ihr jemanden, so werden eure Gedanken und Gefühle auf ihn projiziert; ihr versucht, in sein Herz, in seinen Kopf einzudringen und dadurch wird er beeinflusst: In ihm könnt ihr Verwüstungen anrichten oder zur Verwirklichung des göttlichen Reiches beitragen. Das hängt von der Beschaffenheit, von der Intensität eurer Liebe ab. Warum sind es gerade die Frauen, die die größten Zauberinnen geworden sind? Im Laufe der Jahrhunderte hat die Gesellschaft, in welcher sie lebten, sie meistens nicht hochkommen lassen: Sie wurden überwacht, von der Außenwelt abgeschlossen; sie konnten ihre Wünsche und Gefühle nicht zum Ausdruck bringen. So waren sie gezwungen, Auswege zu finden, um das Erwünschte auszudrücken, z. B. durch die Stimme, den Blick, das Lächeln, durch Gesten und Düfte. Auf diese Weise sind sie zu Magierinnen, Zauberinnen geworden.

Ja, die Liebe ist der Erzeuger der Magie. Wenn manche an diesen Worten Anstoß nehmen, sollten sie sich selbst analysieren, wenn sie verliebt sind und ihr Benehmen kritisch prüfen. Dabei werden sie wohl feststellen, dass sie sich – wenn auch unbewusst – schon mit der Magie befassen: Sie konzentrieren sich ständig auf das geliebte Wesen, um seine Aufmerksamkeit auf sich zu lenken, um es zu fesseln. Sie suchen sich alle günstigen Voraussetzungen und Umstände aus, um es zu verführen oder sogar in die Falle zu locken. Manche haben es später noch weitergetrieben: Sie haben von der Kraft des Gedankens und des Wortes Gebrauch gemacht. Durch ihre Beschwörung haben sie Wesenheiten aus der unsichtbaren Welt herbeigerufen, sich an die Macht der Gestirne gewandt. Daraus entstand eine ganze mit Ritual ausgestattete »Wissenschaft«, welche durch die Jahrhunderte hindurch und von Land zu Land weitergegeben wurde.

Die Magie ist nichts weiter als eine nach Erfüllung strebende Liebe. Später hat sie sich dann auch auf anderen Gebieten durchgesetzt. Zu Beginn stand sie Venus, später aber auch Mars und Jupiter zu Diensten. Jemand, der sich beleidigt, gekränkt fühlt, versucht sich an seinem Feind zu rächen. Statt nach einer Waffe zu greifen, um ihn loszuwerden, wendet er sich an die Magie, aber an eine andere

Art von Magie, die anderen Beschwörungen, anderen Dingen, anderen Riten untergeordnet ist. Oder vom Ehrgeiz gepackt bedient er sich der Magie, um seine Rivalen zu beseitigen oder sich eine bestimmte Stellung zu sichern. Ihr seht also, es gibt verschiedene Arten von Magie, aber die erste Magie war mit Venus verbunden. Alle anderen hat die Liebe selbst erfunden.

Wenn man beobachtet, welche Vorstellung manche Menschen von der Liebe haben, wie sie sie manifestieren, welche Methoden sie dazu gebrauchen, begreift man, dass sie – vielleicht unbewusst – schon schwarze Magie ausüben. Der Versuch, jemanden mit allen möglichen Mitteln zu verführen, ist ein Beweis, dass einer sich mit Gewalt unbedingt aufdrängen will. Dazu hat er kein Recht. Wenn gewisse Menschen verliebt sind, kümmern sie sich überhaupt nicht darum, ob ihre Liebe erwidert wird, sie wollen einfach um jeden Preis geliebt werden. Unter solchen Umständen sind sie zu allem fähig, sogar zu den dunkelsten magischen Beschwörungspraktiken. Ich warne euch, ihr solltet euch niemals darauf einlassen. Warum?

Setzen wir voraus, es sei euch gelungen, einem Mann oder einer Frau durch bestimmte Beschwörungen und magische Formeln Liebe aufzuzwingen: Er (oder sie) wird sich Hals über Kopf in euch verlieben, aber was wird daraus werden? Wenn dieser Mensch euch küsst oder eurem Verlangen nachgibt, seid ihr mit der Hölle verbunden. Ihr solltet euch nicht täuschen! Es sind keine lichtvollen Geister, die ihr durch eure magischen Formeln in dieses Wesen herangezogen habt, um eure Begierden zufrieden zu stellen. Nein, es sind dunkle Wesenheiten, die in euch eindringen und eure Kräfte aussaugen. Wäret ihr in der Lage, sie zu sehen, dann stünden euch die Haare zu Berge, ihr würdet den Himmel um Hilfe und Befreiung anflehen. Die Ausübung magischer Praktiken ist die schlechteste Methode überhaupt, um jemandes Liebe zu gewinnen. Es mag wohl sein, dass ihr auf der materiellen Ebene bekommt, was ihr euch erwünscht. Auf seinen Lippen aber trinkt ihr ein Gift, das in eure Seele einsickert.

Ihr solltet begreifen, dass es in den Männern und Frauen ein viel subtileres Element gibt, welches auf eure Beziehungen bestimmend einwirken sollte: So würdet ihr toleranter werden und dem geliebten Wesen gegenüber gescheitere, taktvollere Methoden anwenden. Dann wäre es euch umso mehr zugetan, denn es sähe in euch einen vernünftigen, vertrauenswürdigen Menschen, der niemandem Gewalt antut. Lebt ihr aber in ständiger Angst, euch das Begehrte nicht aneignen zu können, so werdet ihr dadurch verkrampft, grob, sogar rachsüchtig. Ändert sich einmal dieser Zustand, so steht alles klar vor euren Augen, und alle Probleme werden sich schon irgendwie lösen.[1]

Es könnte sogar vorkommen, dass euer Mann oder eure Frau euch nicht mehr liebt. Ihr solltet dann zu der Erkenntnis kommen, dass diese Seele frei und nicht in aller Ewigkeit mit euch verbunden ist. Vorher hat sie schon Hunderte von Männern und Frauen geliebt und wird nach euch noch andere lieben. Warum euch den Kopf zerbrechen, ob sie euch noch liebt? Glaubt ihr denn, ihr selbst werdet ihm (oder ihr) ewige Liebe entgegenbringen? Habt ihr ihn (oder sie) denn seit der Erschaffung der Welt geliebt?... Nein, also bleibt ruhig, denn es ist ungerecht, alles von einem Wesen zu verlangen, während ihr euch zu allem Möglichen berechtigt fühlt!

Jetzt ist es euch klar geworden, wie wichtig es ist, zu einer anderen richtigeren Auffassung der Liebe zu kommen. Ihr haltet z. B. das Bild des geliebten Wesens in den Händen... Warum solltet ihr es mit den Ausstrahlungen eurer sinnlichen Begierden besudeln und einschränken, indem ihr nur daran denkt, wie ihr es am besten unterwerfen und besitzen könnt? Vertraut es im Gegenteil dem Herrn, der Göttlichen Mutter an und sagt: »Hier ist Euer Sohn, Eure Tochter. Möge Euer Segen es beschützen. Flößt in mir die erhabensten Gedanken ein, damit ich ihm in seiner weiteren Entwicklung beistehe.« Und wenn ihr ihm Kopf und Haar streichelt, habt nicht nur die eigene Freude im Sinn, sondern versucht doch, etwas zu seinem Wohlbefinden beizutragen: »Sei der göttliche Segen mit dir. Möge das Licht in diesem Kopf walten, die ganze Engelschar sich darin niederlassen!« Dann wird sich eure Liebe wandeln. Sie wird nicht mehr auf Sinnlichkeit allein beruhen, sondern zu einem Gefühl sondergleichen anwachsen, wie ihr es noch nie erlebt habt.[2]

Die wirkliche Reichhaltigkeit eines Menschen, seine Quintessenz, d. h. seine Gedanken und Gefühle, all das kann sich keiner je aneignen. Wer sich einbildet, die Seele eines Menschen an sich fesseln zu können, der gibt sich einer Täuschung hin, genauso als versuchte er, den Sand festzubinden oder den Wind zu lenken. Eine Seele kann niemand bezwingen. Des physischen Körpers kann man sich schon bemächtigen, aber niemals des geheimnisvollen Wesens, das ihn bewohnt. Es ist wohl möglich, die Wesenheiten der Astralebene zu beschwören und seinen eigenen Willen zu haben, ja. Der Geist selber bleibt aber frei, er kann weder gebunden noch gefesselt werden.

Ihr wünscht jemandes Liebe zu erwecken? Alle Mittel zu diesem Zweck sind verboten, außer einem einzigen: dieses Wesen mit lichtvollen Ausstrahlungen zu umgeben. Man sollte nie versuchen, Liebe oder Freundschaft durch Geld, Verführungen oder Anlächeln zu gewinnen. Solche Mittel sind auf der ganzen Welt üblich, das weiß ich. Sie sind aber am schwächsten. Das einzig erlaubte Mittel ist das mächtigste von allen: dem Menschen, dessen Liebe man sich erwünscht, Lichtgeschenke, geläuterte Gedanken zukommen zu lassen. So hart und boshaft er sich auch zeigen mag, bringt ihm Geduld, sehr viel Geduld entgegen, nehmt alles in Kauf, helft ihm liebevoll weiter. Wenn ihr wirklich so sehr an ihm hängt, wird seine Seele früher oder später eurer Liebe gewahr und euch Aufmerksamkeit schenken.

Wer sich anmaßt, einen Menschen besitzen zu wollen, legt keinen Beweis für einen gesunden Menschenverstand an den Tag. Wo steht denn geschrieben, dass euer Mann oder eure Frau euch gehört? Ihr kennt den Menschen erst seit zwei oder zehn Jahren. Er (oder sie) ist aber schon vorher geschaffen worden. Er hat Eltern und einen Schöpfer. Er lebt schon seit Millionen von Jahren, also gehört er euch nicht. Ihr beide seid einfach nur Weggenossen. Wollt ihr euch ärgerliche Missverständnisse, sogar tiefes Unglück ersparen, so betrachtet ihn nicht als euer Eigentum, sondern als euren Weggenossen. Ob er es freiwillig geworden ist oder nicht, ist eine andere Geschichte!

Die einzig wahre Liebe ist diejenige, die stets den besten Weg wählt, um die höhere Natur im Menschen zu fördern, ihn zu unterstützen, zu erleuchten, zu verstärken. Leider kommt es nicht allzu oft vor. Es treten meistens ichbezogene Menschen auf, die nur auf eigene Befriedigung bedacht sind und sich um das künftige Los des anderen überhaupt nicht kümmern: Dieser ist zerrissen, sein Leben zutiefst erschüttert, seine Zukunft aufs Spiel gesetzt. Das alles ist belanglos, wenn es ihnen nur gelingt, ihre Begierde zu befriedigen. Wie viele fragen sich, ob ihre Liebe sich wirklich günstig auf das geliebte Wesen auswirkt? Wie viele versuchen denn, die Rechtmäßigkeit ihrer Bedürfnisse ehrlich zu ergründen? Sie spüren ein Bedürfnis, das ist für sie das Entscheidende. Ist dieses Bedürfnis auf sich selbst bezogen oder nicht? Stammt es aus dem Himmel oder aus der Hölle? Das wissen sie nicht und wollen es auch gar nicht wissen.

In Zukunft, wenn ihr jemanden zu lieben glaubt, denkt darüber nach, bevor ihr euch auf irgendetwas einlasst, um ihn heranzuziehen. Versucht, euch zu analysieren, herauszufinden, was ihm eure Liebe zu bringen vermag: Wird sie ihm helfen weiterzukommen, sich freier zu fühlen oder wird sie sein Leben erschweren und die niedersten Triebe in ihm auslösen?

Jeder sollte sich daran gewöhnen, mehr an die anderen zu denken, sonst wird das Gesetz des Karma und der Reinkarnation euch aufsuchen und dazu ermahnen: Von neuem werdet ihr auf die Erde hinunterbefördert, so dass ihr – oft mit großem Leiden – eure Fehler wieder gutmacht. Bemüht euch also – sei es auch nur um euch das Leiden zu ersparen – eure Liebe bis zur Selbstlosigkeit zu veredeln.

Durch ihren Geist stellen Mann und Frau die zwei Prinzipien dar – das männliche und das weibliche –, die die Welt erschaffen haben: Der Mann ist der Vertreter des kosmischen Geistes, des Himmlischen Vaters, und die Frau die Vertreterin der Universellen Seele, der Göttlichen Mutter. Das sollten sie nicht übersehen, denn diese Idee kann ihnen helfen, den Partner auf andere Weise zu sehen und ihre Liebe zu wandeln. Betrachtet ihr das geliebte Wesen als einen Vertreter der Gottheit, so müsst ihr ihm zwangsläufig Respekt und Verehrung erweisen. Was ihr selbst dann von ihm geschenkt bekommt, ist von ganz anderer Beschaffenheit, etwas Geläutertes, etwas Lichtvolleres. Jeder wird für seinen Partner zum Überbringer göttlicher Energien. Wenn ihr zusammenkommt – statt eure Beziehungen lediglich auf das niedrigste Niveau zu beschränken –, werdet ihr mit der Urquelle, mit Gott verbunden: Aus dem himmlischen Brunnen werden euch unerschöpfliche Kräfte zufließen. Ihr fühlt euch dann gelabt, erleuchtet, gestärkt, neu belebt... und glücklich!

Jeden Tag sollte man sich um die Ausdrucksweise seiner Liebe bemühen, sie verfeinern. Hier geht es nicht nur um eure Liebe zu den Menschen, sondern auch um eure Liebe für die gesamte Natur, für das ganze Universum, die Engel, die Erzengel und den Schöpfer Selber. Denn diese Liebe wird eines Tages irgendwo zu euch zurückfinden und euch auf eine Weise beglücken, die keine Umarmung – so schön sie auch sei – je hervorrufen könnte.

Es taucht in mir eine Erinnerung auf... Es war in Paris, vor vielen vielen Jahren. Da ich mich längere Zeit der Meditation und dem Beten hingegeben hatte, entschloss ich mich, als Entspannung auf dem Boulevard spazieren zu gehen. Er war belebt, und Hunderte von Menschen liefen mir über den Weg. Auf einmal sah ich ein Paar auf mich zukommen. Sie waren beide sehr jung. Im Vorbeigehen warf mir das Mädchen einen Blick zu, der war so ohnegleichen, etwas so Unbeschreibliches, Unfassbares!... Licht, Schönheit, Liebe, der ganze Himmel strahlte aus ihren Augen... Wer wollte sich denn durch diese junge Frau offenbaren? Sie war es sicher nicht, die mich so ansah, das ist klar. Durch ihre Augen hatte mich aber jemand anderes angeschaut, sie selbst war nur ein Instrument. Es kommt oft vor, dass bestimmte Wesenheiten der unsichtbaren Welt euch ihre Liebe erweisen wollen: Vielleicht handelt es sich um eure Schwesterseele, die noch im Jenseits lebt, euch aber begleitet und manchmal durch die Augen eines anderen Menschen ansieht...[3]

Dieses Mädchens Blick ist mir tagelang in der Erinnerung haften geblieben. Ihr werdet sicher fragen: »Und Sie haben es nicht gewagt, sie anzusprechen oder versucht sie wiederzufinden?« Nein, weil meine Kenntnisse viel weiter reichen als die eurigen. Sie selbst war es ja nicht, die mir einen solchen Blick schenkte. Hätte ich versucht, sie deswegen aufzufinden, so wäre ich enttäuscht gewesen: Niemals hätte ihr eigener Blick die Liebe übertragen können, die mir eine himmlische Wesenheit durch sie gönnen wollte. Solltet auch ihr einmal durch den Blick eines Menschen mit der göttlichen Liebe begnadet werden, so schließt diese kostbare Empfindung in eurem Herzen ein, lauft ihr bloß nicht nach. Glaubt nicht, dass dieser Mensch euch weiter so anblicken kann, denn er selber ist es nicht, der euch diesen Blick zugeworfen hat, sondern lichtvolle Wesenheiten, die sich seiner bedient haben und dann weitergezogen sind.[4]

Folgendes möchte ich euch nahe bringen: Statt nach den verwerflichsten Mitteln zu greifen, um jemanden, der euch gefällt, in die Falle zu locken, solltet ihr lieber die Ausdrucksweise eurer Liebe in Frage stellen und versuchen, zu einer anderen, neuen Einstellung zu kommen. Denn die Magie kann nicht die Liebe mit sich bringen. Die wahre Liebe, die geläuterte, edelmütige Liebe ist selbst die wirkliche Magie. Deshalb solltet ihr euch jeden Tag an die göttliche Welt wenden und sagen: »Oh Engel, Erzengel und göttliche Wesen, eines möchte ich so gerne erkennen, eben die Liebe. Ich vertraue euch, lehrt mich, wie ich lieben soll.« Seid ihr einmal so weit, die wirkliche Liebe zu erleben, dann beginnt alles in euch zu singen, harmonisch zu vibrieren. Auch wenn ihr darüber schweigt, strahlt diese Liebe durch euer ganzes Wesen hindurch; und bevor sie zu euch zurückkommt, wird eure gesamte Umgebung dadurch zum Besten beeinflusst. Sogar ein Stein, der liebevoll berührt wird, beginnt andere Vibrationen auszustrahlen. Die Liebe, die alles harmonisch ordnet und erleuchtet, sich beruhigend, besänftigend auswirkt, ist die wirkliche Liebe. Wie viele Menschen sind denn – eurer Ansicht nach – solcher Liebe fähig?

Anmerkungen

1. Siehe Band 205 der Reihe Izvor »Die Sexualkraft oder der geflügelte Drache«, Kapitel 8: »Die geistige Liebe, eine Nahrung auf höherer Ebene«.
2. Siehe Band 231 der Reihe Izvor »Saaten des Glücks«, Kapitel 19: »Der Garten von Seele und Geist« und Kapitel 20: »Die Vereinigung auf höherer Ebene«.
3. Siehe Band 14 der Reihe Gesamtwerke »Liebe und Sexualität«, Kapitel 19: »Die Schwesterseele«.
4. Siehe Band 241 der Reihe Izvor »Der Stein der Weisen«, Kapitel 5: »Den Geschmack des Salzes kosten: die göttliche Liebe«.

Kapitel 16

IHR SOLLTET NIEMALS VERSUCHEN, RACHE ZU ÜBEN

Es kommen manchmal einige zu mir mit der Klage, jemand hätte schwarze Magie auf sie ausgeübt: Sie hätten ein Unbehagen gespürt oder einen Unfall gehabt, die Anwesenheit feindseliger Wesenheiten um sich wahrgenommen usw. Sie sind fest davon überzeugt, dass dieser oder jener ihnen übel will und schwarze Magie gegen sie anwendet. Wenn ich diese Menschen betrachte, sehe ich aber gleich ein, dass solche Klagen nicht mit der Realität übereinstimmen. Sie sind einfach nicht vernünftig gewesen, haben sich selber diesen erbärmlichen Zustand zugezogen. Nach einiger Zeit sind sie unvermeidlich in allerlei innerliche und äußerliche Komplikationen verwickelt. Die anderen zu beschuldigen ist leichter als die eigenen Verfehlungen zu erkennen. Um ihnen zu helfen, sage ich: »In Zukunft solltet ihr an euch selber arbeiten, um diese Auswirkungen der schwarzen Magie zu neutralisieren. Es ist manchmal besser, sich so zu stellen, als glaube man alles, was einem erzählt wird. Ihr solltet also jeden Tag beten, meditieren, die Beherrschung eurer Gedanken, Gefühle und Gesten erlernen. Stellt euch vor, dass das Licht euer ganzes Wesen durchdringt, bis in jede Zelle.« Nach einiger Zeit kann sich ihr Zustand nur bessern.

Kommt jemand auf den Gedanken, sich unbedingt irgendwie verteidigen zu müssen, so wird dadurch sein Wille gestärkt: Wenn ein übel gesinnter Feind ihm gegenübersteht, muss er parieren. Sage ich ihm aber, er selber sei für seinen gegenwärtigen Zustand verantwortlich, so wird sein Wille – durch diese Aussage – nicht besonders zum Kampf angespornt. Wenn es von ihm selbst kommt, wird er nichts tun, denn niemand kämpft gern gegen sich selber. Denkt er aber, dass ein anderer ihm die Stirn bietet, dann fühlt er sich angeregt. Daher die Feststellung: Wenn einige glauben, sie seien der schwarzen Magie zum Opfer gefallen, sollte man sie manchmal gewähren lassen, aber ihnen zugleich die besten Methoden zur Besserung ihres Zustandes zeigen. Die erfolgreichste Methode ist eben die Arbeit an sich selber, die Durchführung eines Läuterungsprozesses und die Wiederherstellung der Verbindung mit dem Himmel.

Nun weiter... Die schwarze Magie existiert, ihr mögen einige zum Opfer gefallen sein. Sie sollten dann aber nicht mit denselben Mitteln dagegen kämpfen. Vorausgesetzt, ihr könntet beweisen, dass jemand auf euch oder auf andere schwarze Magie ausübt, dann solltet ihr euch niemals mit den gleichen Mitteln wehren. Wendet ausschließlich die Methoden der weißen Magie an, d. h. die Methoden des Lichtes. Wendet das Licht an, um euch oder die anderen zu schützen. Wie oft habe ich das schon betont: Der beste Schutz ist die Aura selbst. Die Kräfte und Geister der Finsternis können demjenigen, der eine starke Aura besitzt, überhaupt nichts anhaben. Es gibt natürlich greifbarere, konkretere Mittel. Ihr könnt z. B. in eurem Haus draußen vor die Tür oder ans Fenster eine stachelige Pflanze hinstellen, einen Kaktus, eine Aloe usw. und deren Schutz erbitten. Durch ihre Stacheln werden die negativen Ströme, die auf euch zusteuern, aufgelöst. Aber nichts – ich bestehe wieder darauf – ist so stark wie die Aura, die sich durch eine geläuterte lichtvolle Lebensführung bildet. Dieses reine, geläuterte Leben gleicht einer hervorsprudelnden Quelle, die alles Böse und Trübe verscheucht.[1]

Ja, gewiss! Schaut euch eine Quelle an: Sie fließt und quillt Tag und Nacht hervor. Auch wenn jemand versucht, sie mit Abfällen zu besudeln, fließt sie doch ruhig weiter, und die Abfälle werden von der Strömung fortgetragen. Die Quelle bleibt immer rein, immer lebendig, weil sie unentwegt weiterfließt. Ihr solltet folglich die Quelle zum Vorbild nehmen und ihr gleich werden; lasst das Leben, die Liebe aus eurem Wesen herausfließen, so werdet ihr vor den schädlichen Wesenheiten und negativen Einflüssen geschützt. Sollte jemand versuchen, euch zu besudeln oder Schaden zuzufügen, so werdet ihr es nicht einmal bemerken, denn alles Schlechte weist ihr von euch, wie die fließende, sprudelnde Quelle.[2]

Ihr könnt euch also vor der schwarzen Magie schützen. Versucht aber nicht, sie zu bekämpfen, denn es ist keine leichte Sache, die guten Absichten allein genügen nicht. Ein Mensch muss besonders stark, kühn und lichtvoll sein, um den Kräften des Bösen entgegenzutreten, denn sie sind entsetzlich: Wer sich fürchtet, geht zugrunde. Beschützt werden muss man auch von den Erzengeln Zadkiel, Kamael und Michael, die über die Sephiroth Chesed, Geburah und Tiphereth herrschen. Zadkiel ist der Erzengel der Barmherzigkeit. Die ihn bezeichnende Farbe ist saphirblau. Kamael ist der Erzengel der Kraft (Farbe: rubinrot) und Michael der Erzengel des Lichtes (Farbe: goldgelb). Versteht ihr euch auf das Umgehen mit diesen Farben, mit den Tugenden, die diesen Farben entsprechen, so wird es euch allmählich gelingen, einen Lichtwall um euch herum zu errichten.[3]

Hat euch jemand Schaden angetan, so seid ihr natürlich dazu geneigt, euch an ihm zu rächen, es ist menschlich. Ihr solltet es aber nicht tun. Wie könnt ihr ihm denn eine der Gerechtigkeit und dem Zeitpunkt gemäße Strafe auferlegen? Ist es dasselbe, von einem verarmten Mann und von einem Milliardär eine Geldstrafe von tausend Franken zu verlangen? Seid ihr der Meinung, dass jemand, der euch geschadet hat, unbedingt eine Bestrafung verdient, so bringt eure Klage der unsichtbaren Welt vor: »Dieser Mensch da hat mir das und das zugefügt, deswegen habe ich jetzt auf manchem Gebiet mit großen Schwierigkeiten zu kämpfen. Ich bitte euch, greift ein, damit das Böse, dem ich zum Opfer gefallen bin, wieder gutgemacht werde.« Ihr reicht also eine Klage vor dem Himmel ein, wie es im Alltagsleben bei Gericht vor sich geht. Der Himmel wird dann selbst darüber entscheiden. Ihr aber solltet auf keinen Fall versuchen, euch in irgendeiner Weise zu rächen.

Anmerkungen

1. Siehe Band 240 der Reihe Izvor »Söhne und Töchter Gottes«, Kapitel 1: »Ich bin gekommen, damit sie das Leben haben« und Kapitel 12: »Aus seinem Leib werden Ströme lebendigen Wassers fließen«.
2. Siehe Band 216 der Reihe Izvor »Geheimnisse aus dem Buch der Natur«, Kapitel 3: »Quelle und Sumpf«.
3. Siehe Band 236 der Reihe Izvor »Weisheit aus der Kabbala – Der lebendige Strom zwischen Gott und Mensch«, Kapitel 3: »Die Engelshierarchien«.

Kapitel 17

EXORZISMUS UND WEIHE VON GEGENSTÄNDEN

So elend die Menschen auch sein mögen, besitzen doch die meisten von ihnen eine Wohnung. In ihrem Alltagsleben verwenden sie Gegenstände aller Art. Wie viele von ihnen denken aber daran, sie vor dem Gebrauch zu weihen? »Wozu denn?« werdet ihr fragen. Einfach, damit diese Gegenstände sich günstig auf euch auswirken. Diese Frage ist für die Menschen ein noch unbekanntes Thema. Sie haben keine Ahnung, dass es bestimmte Mittel gibt, um harmonische, heilbringende Kräfte auszulösen. Würde es ihnen einfallen, sie sinnvoll einzusetzen, dann könnten diese Kräfte ihnen weiter auf dem Weg der Entwicklung helfen.

Wenn man auf der spirituellen Ebene arbeitet, sollte man natürlich immer das Gute als Ziel vor Augen haben, dabei aber die Existenz des Bösen nicht ignorieren und es berücksichtigen. Glaubt nicht, das Gute werde sich allein durch Beschwörung in euch niederlassen, das genügt nicht. Solange ungeläuterte, schädliche Elemente in euch walten, wird das herbeigerufene Gute um euch kreisen, aber keinen Zugang finden. Die wirklichen Magier haben beide Seiten der Natur, das Gute und das Böse, durchforscht, und daraus haben sie gelernt: Soll ein Gegenstand oder ein Mensch geweiht oder geheiligt werden, so muss man zuallererst alle undurchsichtigen Schichten, die ihn umgeben, entfernen und ausmerzen.

Sich mit dem Himmel, mit den Kräften des Guten in Verbindung zu setzen ist natürlich wünschenswert. Wenn man sich aber mit der materiellen Ebene befasst, sollte man das Allerwichtigste nicht übersehen, d. h. jeden Gegenstand, jeden Menschen zuerst von allen Unlauterkeiten befreien. Erst dann wird es möglich, sie mit dem Guten zu füllen. Nur bei günstigen Voraussetzungen kann sich das Gute in uns niederlassen und uns beleben. Zu diesem Zweck haben die Eingeweihten gewisse Gebete und Formeln hinterlassen, die dazu bestimmt sind, das Böse fern zu halten. Es mag wohl sein, dass solche Formeln zum Stein des Anstoßes werden, besonders bei Unwissenden. Statt aber Anstoß daran zu nehmen, wäre es wohl vorteilhafter, diese Problematik zu ergründen. Die Welt, in welcher wir leben, ist polarisiert; folglich sind wir gezwungen, mit diesen beiden Kräften, dem Guten und dem Bösen, zu arbeiten.

Alle religiösen Zeremonien beginnen mit Läuterungsriten: Waschungen, Räucherungen, Gebeten oder Formeln, die zur Entfernung des Bösen und der ihm zugehörigen Unlauterkeiten verhelfen sollen. Solche Riten setzen nicht nur die Erkenntnis des Guten voraus, sondern auch die der Eigenschaften und der Macht des Bösen. Das Gute wird durch die Gegenwart von feindseligen Wesenheiten gelähmt. Aus diesem Grund sollte der Gläubige sich waschen und läutern. Wenn es einmal so weit ist, dann lassen sich die Tugenden des Heiligen Geistes in ihm nieder. Der Heilige Geist ist allmächtig, aber nur wenn der Mensch geläutert ist.

Wer an die Macht Gottes glaubt – wie ich – weiß, dass der Glaube allein nicht ausreicht. Ist das Gute nicht vorhanden, um die Menschen zu retten, zu heilen und scharfsinnig zu machen, so kommt es wohl daher, dass sie nicht bereitwillig sind, es in ihr Herz, in ihre Seele aufzunehmen. Das Gute kann sie dann nur umkreisen, hinein kann es nicht. Nur bei den Menschen, die völlig aufgeschlossen und aufnahmebereit sind, vermag das Gute einzutreten. Ja, das Gute, immer das Gute!... schon einverstanden, aber wie steht es mit dem Bösen? Denken wir selber nicht daran, es zurückzuweisen, so wird das Gute überhaupt nicht für uns wirken.

Es ist oft festgestellt worden, wie viel Unheil mit den Gegenständen oder den Wohnsitzen verbunden ist, die mal Schuften oder Übeltätern gehört haben! Wenn andere sie in Besitz nahmen oder ankauften, stellten sich nur Unglück und Widerwärtigkeiten ein, bis sie endlich exorziert oder vernichtet wurden. Zahlreiche Geschichten berichten von Juwelen, Statuetten oder Wohnstätten, die lauter Tragödien verursacht haben: Sie waren entweder in die Hände von Zauberern geraten und mit Fluch und Verwünschungen beladen oder als Zeugen schrecklicher Ereignisse mit schädlichen Vibrationen geprägt worden.

Zum Glück kommen solche Fälle eher selten vor. Auch wenn man nicht so weit geht, kann man doch Folgendes behaupten: Eine größere Anzahl von Objekten und Orten sind den Einflüssen allerlei Menschen, die nicht unbedingt die bestmöglichen Absichten im Schilde führten, ausgesetzt worden; infolgedessen sind sie mit einer Schicht von opakem Fluidum überdeckt. Diese Schicht kann man mit einer Wand vergleichen, die das Licht nicht durchlässt. Orte und Gegenstände müssen zuerst exorziert werden, um solche Schichten zu beseitigen. Dann wird es möglich, andere neue Fluida einzuprägen, damit sie zu wirklichen Talismanen werden.

Das solltet ihr immer im Sinne haben, wenn verschiedene Gegenstände in eure Hände geraten oder wenn ihr sie verwenden müsst. Das

Entscheidende dabei ist, die unsichtbare Welt um die Exorzierung, um die Läuterung dieser Gegenstände zu bitten, denn gewisse Menschen, bestimmte Begebenheiten können disharmonische Spuren hinterlassen haben. Das alles kann sich womöglich ungünstig auf euch auswirken. Fleht also den Himmel an, so dass Er lichtvolle Geister auffordere, diese Gegenstände von allen negativen Partikeln und schädlichen Einflüssen zu befreien. Einer Tugend, einer himmlischen Wesenheit könnt ihr sie dann widmen. Bittet sie darum, sich in dieser Wohnstätte niederzulassen oder diese Gegenstände vorteilhaft zu beeinflussen, so dass sie sich zu euren Gunsten auswirken. Gewöhnt ihr euch an solche Praktiken, so werdet ihr bald feststellen, welche Hilfe, welche Unterstützung, welche Kraft euch zuteil wird. Euer Leben bekommt dann einen ganz anderen Sinn, ihr werdet nie aufhören, den Himmel für dieses neue Licht zu segnen.

Alles, was die Menschen essen und trinken, alle Kleider, die sie tragen, die vielen Gegenstände, die sie gebrauchen, alles ist von dunklen opaken Schichten überdeckt... Die Menschen sind sich dessen überhaupt nicht bewusst! Dadurch wird ihre weitere Entwicklung verzögert. Heute habe ich euch eine tiefgründige Wahrheit offenbart. Von alters her war diese Wahrheit in jeder esoterischen Schule bekannt; von nun an sollte sie zum Kern eures Lebens werden.

Ihr wohnt z. B. in einem Haus. Ihr solltet daran denken, dieses Haus zu segnen, es Gott zu weihen, damit es sich auf eure Familie, auf die Gesundheit, den Intellekt, die Seele eurer Kinder günstig auswirke. Mit Apparaten und Geräten solltet ihr nicht geistesabwesend umgehen, sie auch nicht stoßen oder übel zurichten. Warum sollte all das nicht mit Aufmerksamkeit und Liebe vor sich gehen? Damit will ich euch natürlich nicht raten, einen Besen, einen Kochtopf oder einen Staubsauger in etwas Magisches zu verwandeln. Aber wer weiß, ob die Art und Weise, mit der ihr mit den Gegenständen umgeht, sich günstig oder ungünstig auf euch auswirkt? Auf jeden Fall werdet ihr davon beeinflusst. Versucht es einmal, ihr werdet selbst feststellen, dass die herumgestoßenen Gegenstände nicht dieselben Resultate ergeben wie diejenigen, die mit Liebe behandelt werden. Was man auch alles tun mag, man sollte immer darauf achten, dem Leben etwas Besseres hinzuzufügen.

Nehmen wir z. B. den Verlauf eines Tages: Morgens wacht man auf. Unmittelbar werden eine ganze Reihe von Vorgängen ausgelöst: Gedanken, Gefühle, Handlungen: aufstehen, Licht anmachen, Fenster öffnen, sich waschen, das Frühstück vorbereiten und auf den Tisch bringen usw. Was man nicht alles zu tun hat! Ein jeder muss sich damit abfinden. Der Unterschied besteht aber darin, dass manche diese Dinge automatisch, nur aus Routine erledigen, während die anderen dabei mit vollem Bewusstsein versuchen, sie immer von neuem zu beleben. Dann wird alles umgewandelt, alles bekommt einen neuen Sinn. Dadurch fühlt man sich selber neu belebt und angeregt.[1]

Viele Menschen erweisen sich als dynamisch und unternehmungsbereit. Sie jagen aber hauptsächlich dem Erfolg, dem Geld, dem Ruhm nach. Sie tun überhaupt nichts, um ihr Leben harmonischer, sinnvoller zu gestalten. Gescheit ist es nicht, denn diese hektische Tätigkeit bringt sie ja nur an den Rand der Erschöpfung und des Zusammenbruchs.[2] Das Ziel des menschlichen Lebens steckt nicht in irgendeinem Erfolg auf der materiellen Ebene. Wann werden sie das endlich einmal begreifen? Solcher Erfolg ist bloß von kurzer Dauer, dann müssen sie doch nackt und ärmlich ins Jenseits hinüberziehen.

Was euch übrig bleibt ist sehr einfach: Denkt daran, die zu gebrauchenden Gegenstände zu segnen; widmet sie dem Dienste Gottes. Fleht die lichtvollen Geister an, damit sie diese Gegenstände günstig verwenden für eure eigene Entwicklung und für die weitere Entwicklung der gesamten Menschheit. Da habt ihr das Wesentliche, ohne auf die diesbezüglichen Gesten und Formeln ausführlich einzugehen. Ihr solltet das unbedingt tun, es ist sehr wichtig.

Wer daran zweifelt und das nicht glauben will, ist in einer esoterischen Schule fehl am Platze, das ist reine Zeitvergeudung. Hier werden euch essenzielle, göttliche, ewige Wahrheiten beigebracht. Sie geben euch die Möglichkeit, eure Gesundheit wiederherzustellen, euer ganzes Wesen von neuem harmonisch zu gestalten, mit einem Wort, zu einem Sohn, zu einer Tochter Gottes zu werden. Nehmt diese Wahrheiten in euch auf. Mir könnt ihr vertrauen, denn alles, was ich euch sage, habe ich zuerst an mir selbst experimentiert.

Anmerkungen

1. Siehe Band 13 der Reihe Gesamtwerke »Die neue Erde«, Kapitel 2: »Zum Tagesablauf«.
2. Siehe Band 225 der Reihe Izvor »Harmonie und Gesundheit«.

Kapitel 18

SCHÜTZT EURE WOHNSTÄTTE

Aus der Beobachtung der Natur heraus können wir feststellen, dass sich jede Kreatur eine Wohnstätte aussucht und sie verteidigt. Die Vögel bauen Nester; alle anderen Tiere haben ein Schlupfloch, eine Höhle, eine Unterkunft oder irgendein Versteck. Wenn ein anderes Tier sich anmaßt, ihren Platz zu beanspruchen, schlagen sie drauf los. Ja, aufpassen, Privatbesitz! In jeder Kreatur fördert die kosmische Intelligenz das Bedürfnis, sich ein eigenes Plätzchen im Universum vorzubehalten. Die anderen sind nicht berechtigt, es in Anspruch zu nehmen. Die kosmische Intelligenz hat es so geplant, damit alle Kreaturen in Frieden und Ruhe schaffen und ihre Nachkommenschaft zur Welt bringen können. Das ist ein Gesetz.

Jedes Wesen ist also von Natur aus berechtigt, eine eigene Wohnstätte zu besitzen. Dieses gilt für die sichtbare wie auch für die unsichtbare Welt. Im unbegrenzten Weltraum hat jeder

Geist einen ihm vorbehaltenen Platz. Jede Wesenheit auf der spirituellen Ebene bewohnt einen festgelegten Ort, der durch bestimmte Vibrationen, bestimmte Farben oder durch ein besonderes Kennzeichen geschützt wird: Wer nicht mit entsprechenden Vibrationen ausgestattet ist, hat keinen Zugang; folglich bleiben Störungen ausgeschlossen.

Da, wo ein Eingeweihter wohnt, darf kein boshafter Geist eindringen. Durch den Gebrauch von Symbolen kann der Eingeweihte solchen Geistern den Eingang seines Hauses verbieten. Wird das Verbot nicht beachtet, so wissen die Geister, welche Strafen ihnen bevorstehen. Aus diesem Grund wird oft ein Pentagramm über der Haustür aufgehängt.[1] Will ein Eingeweihter eine magische Zeremonie halten, einer beachtlichen geistigen Arbeit nachgehen oder göttliche Wesenheiten beschwören, dann sucht er sich eine gewisse Stelle aus, weiht sie ein, um die bösen Geister davon abzuhalten und zündet eine oder mehrere Kerzen an. Um diese Stelle herum zieht er einen Kreis, in den er heilige Namen niederschreibt und Weihrauch streut. In diesem geläuterten Bereich hat er die bestmöglichen Voraussetzungen für seine Arbeit. Nur heilbringende Wesenheiten werden hereingelassen. Die unheilvollen bleiben draußen, können toben und drohen. Versuchen sie jedoch einzudringen, dann werden sie tödlich getroffen.

Vielleicht werdet ihr nun fragen, zu welchem Zweck ein Magier Kerzen anzündet. Bevor man mit einer sakralen Arbeit oder einer magischen Zeremonie beginnt, sollte man das Licht herbeirufen, denn immer ist das Licht ausschlaggebend. Der Magier, der eine Zeremonie zu halten hat oder ein Priester, der die Messe lesen soll, zündet wenigstens eine Kerze an, damit das Licht anwesend sei und mitwirke. Da wo das Licht ist, weicht die Finsternis zurück. Der Magier weiß auch, dass das Feuer ein Tor darstellt, das ins Jenseits führt, denn das Feuer symbolisiert die Grenze zwischen der materiellen und der ätherischen Welt. Durch das Feuer kommt man also leichter mit der göttlichen Welt in Verbindung.

Wer zur Ausübung der schwarzen Magie Kerzen gebraucht, begeht eine wirkliche Sünde. Aus der Mythologie wissen wir, dass das Feuer vorwiegend zum Heil des Menschen geraubt wurde. Darüber hinaus möchte ich noch Folgendes bemerken: Wenn ihr eine Kerze verwenden müsst, wäre es empfehlenswert, sie vorher einer bestimmten Idee oder einer göttlichen Wesenheit zu widmen, z. B. der Göttlichen Mutter, dem Himmlischen Vater, dem Heiligen Geist, der Universellen Seele, dem Erzengel Michael... In der unsichtbaren Welt wird die Flamme dieser Kerze zu einer Lichtschranke um euch herum.[2]

Überall, wo Menschen leben, gehen unbemerkt Millionen sogar Milliarden von Wesenheiten hin und her. Tut ihr nichts, um euch gegen die niederen Wesenheiten zu schützen, so werden diese vor einer offenen Tür nicht zögern und ungebeten eintreten, euch bestehlen oder weiteren Schaden anrichten. Ihr könnt euch dann nicht bei der göttlichen Gerechtigkeit beklagen, eine Antwort hat sie schon parat: »Ihr seid selbst daran schuld, warum habt ihr kein Schild angebracht »Privatbesitz, Eintritt verboten!« oder wenigstens einen kleinen Draht als Symbol hingehängt? Ist euer Weingarten nicht eingezäunt, dann ist es kein Wunder, dass sich andere an euren Trauben laben.«

Genauso steht es mit eurem Herzen, eurer Seele, eurem Geist: Bleiben sie ungeweiht Wind und Wetter ausgesetzt, sind sie nicht von einer Lichtschranke umgeben, so werden die unerwünschten Geister der Finsternis dazu berechtigt, Schaden zu stiften und sich all eurer Schätze zu bemächtigen. Niemand darf sie bestrafen. Dem Besitzer selber stand es zu, Schutzmaßnahmen zu treffen. In der Vergangenheit waren Städte und Burgen durch dicke Mauern und Wälle geschützt, mit Wassergräben umgeben. Der Schüler sollte genau dasselbe tun: Mauern, Wälle und Bollwerk in sich selbst errichten. Tut ihr das? Nein, dem Kommen und Gehen der unerwünschten Geister bleibt ihr weiterhin ausgesetzt. Ihr jammert, wenn ihr ausgeplündert werdet oder wenn ihr euch traurig, unglücklich und erschöpft fühlt. Schaut euch einmal an, wie es in der Natur vor sich geht: Vögel, Raubtiere, Insekten, alle sind misstrauisch und errichten Hindernisse um sich herum, damit sie weder entdeckt noch gefangen werden. Wie kann der Mensch so naiv und arglos sein zu glauben, dass er verschont und von keinem Feind je bedroht wird? Auf der materiellen Ebene kann er sich schon schützen, das ist klar. Die größten Gefahren lauern aber nicht dort, sondern auf der unsichtbaren Ebene.

Manche stellen sich die Frage: »Wie kann denn der liebe Gott den bösen Geistern erlauben, in sie einzudringen? Wie kommt es, dass Er sie nicht beschützt?« Welch dumme Frage! Wenn sie nicht fähig sind, sich selber zu schützen, warum sollte der Herr es tun? Jeder sollte über gewisse Vorschriften und Gesetze Bescheid wissen. In sich selber birgt der Mensch die notwendige Kraft, den Geistern der Finsternis Nein zu sagen, ihnen Widerstand zu leisten. Wenn er es nicht tut, wird niemand anderes für ihn da sein.

Auf euch kommt es also an, das Notwendige zu tun, um die schädlichen Wesenheiten fern zu halten und die lichtvollen Geister heranzulocken. Folgende Worte solltet ihr jeden Tag aussprechen: »Herr, Göttliche Mutter, Heilige Dreifaltigkeit, ihr Engel und Erzengel,

Diener Gottes, Diener des Lichtes, Himmlische Freunde, Euch gehört mein ganzes Wesen, lasst Euch in mir nieder, verfügt über mich wie Ihr wollt; alles sei für den Ruhm Gottes, für das göttliche Reich auf Erden!« Solche Worte solltet ihr jeden Tag aussprechen. Tut ihr es nicht, so wundert euch nicht, wenn andere es sich dann in euch bequem machen.

Wollt ihr euer Haus schützen, so solltet ihr als Besitzer es zuallererst den himmlischen Geistern anvertrauen: Von nun an werden die dunklen Wesenheiten, die unbemerkt hineingeschlüpft waren, gezwungen, das Feld zu räumen. Solange ihr sie aber toleriert, werdet ihr weitere Schädigungen erleiden. Alles hängt vom Willen des Besitzers, des Hausherrn ab. Sein Entschluss ist ausschlaggebend. Die Engel und Erzengel haben kein Recht, sich ohne unsere Zustimmung in uns niederzulassen: Gewalt wenden sie nie an. Die anderen hingegen, die unter dem Zeichen der Gewalt geboren wurden, lassen sich nicht einschüchtern und nisten sich gewaltsam ein.

Die lichtvollen Geister sind voller Ehrfurcht und warten, bis sie gebeten werden einzutreten; dagegen sind die Geister der Finsternis keck und respektlos. Ja, wie unterschiedlich ist das Benehmen dieser beiden Wesenskategorien!

Der unbedarfte Mensch weiß nicht, wie er sich anstellen soll. Den Dämonen macht er die Tür weit auf. Diese lassen sich nieder und klammern sich dann an ihn; indessen bleiben die Engel draußen und sagen: »Der Platz ist schon besetzt, wir können nicht hinein!« Wendet euch einmal fest entschlossen an die himmlischen Wesenheiten und sprecht sie mit folgenden magischen Worten an: »Hier bin ich der Hausherr. Das ganze Haus steht Euch zur Verfügung, Euch gehört alles.« Von nun an legen sie eine große Macht und Kühnheit an den Tag, stürzen sich auf die anderen, die in wilder Flucht davonstürmen.

Was ich euch hier offenbare, ist die reine Wahrheit. Ihr solltet diesen Bewusstseinsgrad erstreben, damit ihr jeden Tag solche Einweihungsworte aussprechen könnt: »Lichtvolle Geister, verfügt über mich wie Ihr wollt, ich gebe Euch alles, ich stehe zu Euren Diensten.« Ihr mögt noch nach Belieben andere poetischere Ausdrücke verwenden, die auf dieselbe Richtung hinzielen, fügt aber unbedingt »für das Reich Gottes auf Erden« hinzu. Tut ihr das nicht, so können euer ganzes Wesen, all eure Energien zu anderen Zwecken, anderen Tätigkeiten benützt werden.

Und warum »die Verwirklichung des Reiches Gottes auf Erden«? Weil Jesus selber uns diese Aufgabe auferlegt hat, als er sagte: »Suchet zuerst nach dem Reich Gottes und nach seiner Gerechtigkeit« (Mt 6,33). Das tritt besonders im Vaterunser hervor: »Dein Reich komme, Dein Wille geschehe wie im Himmel so auf Erden.«[3] Durch diese Worte hat Jesus den Spruch des Hermes Trismegistos »Wie unten so oben« wieder hervorgeholt, ihn weit über den menschlichen Bereich hinaus erweitert. Als Hermes Trismegistos diese Korrespondenz zwischen oben und unten hervorhob, wurde der Grundstein für die Magie gelegt.

Die Magie ist nichts weiter als ein Vergleichen zwischen Himmel und Erde. Am besten wäre sie also als jene Tätigkeit zu definieren, die im ständigen Anstellen von Vergleichen der Erde mit dem Himmel besteht. Durch dieses Vergleichen wird es dem Menschen klar, welche Aufgabe ihm hier auf Erden obliegt: Die Erde in harmonische Verbindung mit dem Himmel zu bringen, den Himmel auf Erden herabzuholen.

Die Verwirklichung des Göttlichen in der Materie, das ist eben die göttliche Magie, die Theurgie.

Anmerkungen

1. Siehe Band 218 der Reihe Izvor »Die geometrischen Figuren und ihre Sprache«, Kapitel 4: »Das Pentagramm«.
2. Siehe Band 232 der Reihe Izvor »Feuer und Wasser, Wunderkräfte der Schöpfung«, Kapitel 12: »Der Zyklus der Wassers: Liebe und Weisheit«.
3. Siehe Band 313 der Reihe Broschüren »Das Vaterunser«.

Vom selben Autor

Reihe Gesamtwerke

1	Das geistige Erwachen
2	Spirituelle Alchimie
3	Die beiden Bäume im Paradies
4	Das Senfkorn – Symbole im Neuen Testament
5	Die Kräfte des Lebens
6	Die Harmonie
7	Die Reinheit, Grundlage geistiger Kraft – Die Mysterien von Jesod
8	Sprache der Symbole, Sprache der Natur
9	»Im Anfang war das Wort«
10	Sonnen-Yoga (Surya-Yoga) Die Herrlichkeit von Tiphereth
11	Der Schlüssel zur Lösung der Lebensprobleme
12	Die Gesetze der kosmischen Moral
13	Die neue Erde
14/15	Liebe und Sexualität (Doppelband)
16	Alchimie und Magie der Ernährung – Hrani-Yoga
17/18	Erkenne Dich selbst – Jnani Yoga (Doppelband)
19-22	Wird nicht ins Deutsche übersetzt
23/24	Eine neue Religion (Doppelband)
25/26	Der Wassermann und das Goldene Zeitalter (Doppelband)
27	Die Pädagogik in der Einweihungslehre – Teil 1
28/29	Die Pädagogik in der Einweihungslehre (Doppelband) Teil 2 und 3
30/31	Leben und Arbeit in einer Einweihungsschule (Doppelband)
32	Die Früchte des Lebensbaums

Vom selben Autor:

Taschenbuch-Reihe Izvor

200 – Hommage an Meister Peter Deunov
O. M. Aivanhov erzählt von seinen Erlebnissen mit seinem Meister Peter Deunov.

201 – Auf dem Weg zur Sonnenkultur
Die Sonne, Begründerin der Kultur / Surya-Yoga / Die Suche nach dem Zentrum / Die nährende Sonne / Der Solarplexus / Der Mensch, Abbild der Sonne / Die Geister der sieben Lichter / Die Sonne als Vorbild / Die wahre Sonnenreligion.

202 – Der Mensch erobert sein Schicksal
Das Gesetz von Ursache und Wirkung / »Du sollst das Feine vom Dichten sondern« / Entwicklung und Schöpfung / Menschliche und göttliche Gerechtigkeit / Das Gesetz der Entsprechungen / Die Gesetze der Natur und die Gesetze der Moral / Das Gesetz der Einprägung / Die Reinkarnation.

203 – Die Erziehung beginnt vor der Geburt
Zuerst müssen die Eltern erzogen werden / Die Erziehung beginnt vor der Geburt / Ein Entwurf für die Zukunft der Menschheit / Kümmert euch um eure Kinder / Eine neues Verständnis der mütterlichen Liebe / Das magische Wort / Ein Kind braucht immer eine Beschäftigung / Die Kinder müssen auf ihr künftiges Lebens als Erwachsene vorbereitet werden /Der Sinn für das Zauberhafte soll dem Kind erhalten bleiben / Liebe ohne Schwäche / Erziehung und Unterricht.

204 – Yoga der Ernährung
Die Ernährung betrifft das ganze Wesen / Hrani-Yoga / Die Nahrung, ein Liebesbrief des Schöpfers / Die Auswahl der Nahrung / Der Vegetarismus / Die Ernährung und ihre Moral / Das Fasten / Vom Abendmahl / Der Sinn der Segnung / Die Arbeit des Geistes an der Materie / Das Gesetz vom Austausch.

205 – Die Sexualkraft oder geflügelte Drache
Der geflügelte Drache / Liebe und Sexualität / Die Sexualkraft, Voraussetzung für das Leben auf Erden / Vom Vergnügen / Die Gefahren des Tantrismus / Lieben ohne Gegenliebe zu erwarten / Die Liebe ist im ganzen Universum verbreitet / Die geistige Liebe, eine Nahrung auf höherer Ebene / Das hohe Ideal - Transformator der Sexualkraft / Öffnet der Liebe einen Weg nach oben.

206 – Eine universelle Philosophie
Einige Erklärungen zum Begriff »Sekte« / Keine Kirche ist ewig / Hinter den Formen den Geist suchen / Die Kirche des heiligen Johannes und ihre Ankunft / Die Grundlagen einer universellen Religion / Die Große Universelle Weiße Bruderschaft / Wie man den Begriff »Familie« erweitert / Die Bruderschaft, ein höherer Bewusstseinsgrad / Die Kongresse der Bruderschaft in Le Bonfin / Jeder Aktivität eine universelle Dimension geben.

207 – Was ist ein geistiger Meister?
Wie man einen wirklichen geistigen Meister erkennt / Von der Notwendigkeit eines geistigen Führers / Spielt nicht den Zauberlehrling! / Spiritualität nicht mit Exotik verwechseln / Vom Ausgleich zwischen geistiger und materieller Welt / Der Meister, ein Spiegel der Wahrheit / Erwartet von einem Meister nur das Licht / Der Schüler vor dem Meister / die universelle Dimension eines Meisters / Die magische Gegenwart eines Meisters / Die Identifizierung / »Wenn ihr nicht werdet wie die Kinder«.

208 – Das Egregore der Taube. Innerer Friede und Weltfrieden
Ein besseres Verständnis des Friedens / Die Vorteile der Völkervereinigung / Aristokratie und Demokratie / Kopf und Magen / Vom Geld / Über die Verteilung des Reichtums / Kommunismus und Kapitalismus, zwei sich ergänzende Philosophien / Eine neue Auffassung der Wirtschaft / Was jeder Politiker wissen sollte / Das Reich Gottes.

209 – Weihnachten und Ostern in der Einweihungslehre
Das Weihnachtsfest / Die zweite Geburt / Die Geburt auf den verschiedenen Ebenen / »Wenn ihr nicht sterbt, so werdet ihr nicht leben!« / Die Auferstehung und das Jüngste Gericht / Der Auferstehungsleib.

210 – Die Antwort auf das Böse
Die beiden Bäume im Paradies / Das Gute und das Böse - Zwei Kräfte, die das Rad des Lebens drehen / Jenseits von Gut und Böse / Das Gleichnis vom Unkraut und vom Weizen / Die Philosophie der Einheit / Die drei großen Versuchungen / Die Frage der Unerwünschten / Über den Selbstmord / Das Böse durch Licht und Liebe besiegen / Sich spirituell stärken, um die Prüfungen zu überwinden.

211 – Die Freiheit, Sieg des Geistes
Die psychische Struktur des Menschen / Die Beziehungen zwischen Geist und Körper / Schicksal und Freiheit / Der befreiende Tod / Die Freiheit des Menschen liegt in der Freiheit Gottes / Die wahre Freiheit / Sich begrenzen, um sich zu befreien / Anarchie und Freiheit / Über den Begriff der Hierarchie / Die innere Synarchie.

212 – Das Licht, lebendiger Geist
Das Licht, Essenz der Schöpfung / Die Sonnenstrahlen: ihre Natur und ihre Aktivität / Das Gold, kondensiertes Sonnenlicht / Das Licht macht es möglich zu sehen und gesehen zu werden / Die Arbeit mit dem Licht / Das Prisma, Bild des Menschen / Die Reinheit öffnet dem Licht die Türen / Das intensive Leben des Lichts leben / Der Laserstrahl im geistigen Leben.

213 – Die menschliche und göttliche Natur in uns
Menschlich... oder tierisch? / Die niedere Natur, eine umgekehrte Spiegelung der höheren Natur / Auf der Suche nach unserer wahren Identität / Über die Möglichkeit, den Begrenzungen der niederen Natur zu entgehen / Die Sonne, Symbol der göttlichen Natur / Die niedere Natur beherrschen und als Energiequelle benutzen / Der höheren Natur mehr Äußerungsmöglichkeit geben: sich bessern / Die Stimme der göttlichen Natur / Der Mensch kann sich nur dann entfalten, wenn er seiner höheren Natur dient [...]

214 – Liebe, Zeugung und Schwangerschaft
Die geistige Galvanoplastik / Mann und Frau - Abbild des männlichen und weiblichen Prinzips / Die Ehe / Lieben ohne Besitzanspruch / Wie man der Liebe eine edlere Ausdrucksform gibt / Nur die geistige Liebe schützt die menschliche Liebe / Der Liebesakt aus der Sicht der Einweihungslehre / Die Sexualkraft, Bestandteil der Sonnenenergie / Die Zeugung eines Kindes / Die Schwangerschaft / Die Kinder von Verstand und Herz / Die Frau soll ihren wahren Platz wieder einnehmen / Das Reich Gottes, Kind der kosmischen Frau.

215 – Die wahre Lehre Christi
»Vater unser, der Du bist im Himmel« / »Ich und der Vater sind eins« / »Seid vollkommen, wie euer Vater im Himmel vollkommen ist« / »Suchet zunächst das Reich Gottes und seine Gerechtigkeit« / »Wie im Himmel, so auf Erden« / »Wer mein Fleisch isst und mein Blut trinkt, hat das ewige Leben« / »Vater vergib ihnen, denn sie wissen nicht, was sie tun« / »Wenn dich jemand auf deine rechte Backe schlägt…« / »Wachet und betet«.

216 – Geheimnisse aus dem Buch der Natur
Das Buch der Natur / Tag und Nacht / Quelle und Sumpf / Die Vermählung, ein universelles Symbol / Die Arbeit mit den Gedanken zur Gewinnung der Quintessenz / Die Macht des Feuers / Die entschleierte Wahrheit / Der Hausbau / Rot und weiß / Der Strom des Lebens / Das neue Jerusalem / Lesen und schreiben.

217 – Ein neues Licht auf das Evangelium
»Man füllt nicht jungen Wein in alte Schläuche« / »Wenn ihr nicht werdet wie die Kinder« / Der ungerechte Verwalter / »Sammelt euch Schätze« / »Gehet ein durch die enge Pforte« / »Wer auf dem Dach ist...« / Der Sturm, der sich gelegt hat / »Die Ersten werden die Letzten sein« / Das Gleichnis von den fünf törichten und den fünf klugen Jungfrauen / »Das ist das ewige Leben, dass sie dich erkennen, der du allein wahrer Gott bist!«.

218 – Die geometrischen Figuren und ihre Sprache
Die Symbolik der Geometrie / Der Kreis / Das Dreieck / Das Pentagramm / Die Pyramide / Das Kreuz / Die Quadratur des Kreises.

219 – Geheimnis Mensch
Die menschliche Evolution und die Entwicklung der spirituellen Organe / Die Aura / Das Sonnengeflecht / Das Harazentrum / Die Kundalinikraft / Die Chakras.

220 – Der Tierkreis, Schlüssel zu Mensch und Kosmos
Der vom Tierkreis abgegrenzte Raum / Die Entwicklung des Menschen und der Tierkreis / Der planetarische Zyklus der Stunden und Wochentage / Das Kreuz des Schicksals / Die Achsen Widder-Waage und Stier-Skorpion / Die Achse Jungfrau-Fische / Die Achse Löwe-Wassermann / Wasser- und Feuerdreieck / Der Stein der Weisen: Sonne, Mond und Merkur / Die 12 Stämme Israels und die 12 Heldentaten des Herkules in Verbindung mit dem Tierkreis.

221 – Alchimistische Arbeit und Vollkommenheit
Die geistige Alchimie / Der menschliche Baum / Charakter und Temperament / Das Erbe aus dem Tierreich / Die Angst / Die Klischees / Die Veredelung / Die Verwendung der Energien / Das Opfer, Umwandlung der Materie / Eitelkeit und göttlicher Ruhm / Hochmut und Demut / Die Sublimierung der Sexualkraft.

222 – Die Psyche des Menschen
»Erkenne dich selbst« / Eine synoptische Tafel / Von Seelen und Körpern / Herz, Intellekt, Seele und Geist / Die Schulung des Willens / Körper, Seele und Geist / Äußeres und inneres Erkennen / Vom Intellekt zur Intelligenz / Die wahre Erleuchtung / Der Kausalkörper / Das Bewusstsein / Das Unterbewusstsein / Das höhere Ich.

223 – Geistiges und künstlerisches Schaffen
Kunst, Wissenschaft und Religion / Die göttlichen Quellen der Inspiration / Die Aufgabe der Phantasie / Dichtung und Prosa / Die Stimme / Chorgesang / Die beste Weise, Musik zu hören / Magie der Gestik / Die Schönheit / Idealisieren als Mittel zum Erschaffen / Das lebendige Meisterwerk / Der Aufbau des Tempels / Nachwort.

224 – Die Kraft der Gedanken
Von der Wirklichkeit der spirituellen Arbeit / Wie man sich die Zukunft vorstellen soll / Die psychische Verschmutzung / Leben und Kreisen der Gedanken / Wie die Gedanken sich in der Materie verwirklichen / Nach dem Gleichgewicht von materiellen und spirituellen Mittel suchen / Die Kraft des Geistes / Einige Gesetze, die bei der geistigen Arbeit zu beachten sind / Das Denken als hilfreiche Waffe / Die Kraft der Konzentration / Die Grundlagen der Meditation / Das schöpferische Gebet / Die Suche nach dem Gipfel.

225 – Harmonie und Gesundheit
Das Wesentliche ist das Leben / Die Welt der Harmonie / Harmonie und Gesundheit / Die spirituellen Grundlagen der Medizin / Atmung und Ernährung / Die Atmung / Die Ernährung auf den verschiedenen Ebenen / Wie man Müdigkeit vermeidet / Die Pflege der Zufriedenheit.

226 – Das Buch der göttlichen Magie
Die Wiederkehr magischer Praktiken und ihre Gefahr / Der magische Kreis: die Aura / Der magische Stab / Das magische Wort / Die Talismane / Über die Zahl 13 / Der Mond, Gestirn der Magie / Die Zusammenarbeit mit den Naturgeistern / Blumen und Düfte / Wir alle üben Magie aus / Die drei magischen Hauptgesetze / Die Hand / Der Blick / Die magische Kraft des Vertrauens / Die wirkliche Magie ist die Liebe / Ihr solltet niemals versuchen Rache zu üben / Exorzismus und Weihe von Gegenständen / Schützt eure Wohnstätte.

227 – Goldene Regeln für den Alltag
Das kostbarste Gut: das Leben / Bringt materielles und geistiges Leben in Übereinstimmung / Widmet euer Leben einem erhabenen Ideal / Der Alltag, Materie, die der Geist umwandeln soll / Das Essen als Yogaübung betrachten / Die Atmung / Wie man wieder zu Kräften kommt / Liebe macht unermüdlich /

Der technische Fortschritt schenkt dem Menschen mehr Zeit für die spirituelle Arbeit / Gestaltet euer inneres Zuhause / Die Außenwelt ist ein Spiegelbild eurer Innenwelt / Eure Zukunft wird so sein, wie ihr eure Gegenwart lebt / Kostet die Fülle der Gegenwart / die Bedeutsamkeit des Anfangs / Sucht das Licht, bevor ihr handelt / Achtet immer auf die erste Bewegung / Werdet euch eurer Denkgewohnheiten bewusst / Aufmerksamkeit und Wachsamkeit / Das Leben spirituell ausrichten / Legt mehr Wert auf die Praxis als auf die Theorie / [...]

228 – Einblick in die unsichtbare Welt

Das Sichtbare und das Unsichtbare / Das begrenzte Wahrnehmungsvermögen des Intellekts und das unbegrenzte Wahrnehmungsvermögen der Intuition / Der Zugang zur unsichtbaren Welt: von Jesod nach Tiphereth / Die Hellsichtigkeit: Aktivität und Rezeptivität / Sollte man sich von Hellsehern beraten lassen? / Liebt, und eure Augen werden sich auftun / Die Botschaften des Himmels / Sichtbares und unsichtbares Licht / Die höchsten Entwicklungsstufen der Hellsichtigkeit / Das spirituelle Auge / Gottesvision / [...]

229 – Wege der Stille

Lärm und Stille / Die Verwirklichung der inneren Stille / Lasst eure Sorgen vor der Tür / Eine Übung: in Stille essen / Die Stille, ein Energiespeicher / Die Bewohner der Stille / Harmonie als Voraussetzung der inneren Stille / Die Stille, Voraussetzung für das Denken / Suche nach Stille, Suche nach dem Zentrum / Menschliches und Göttliches Wort / Das Wort eines Meisters in der Stille / Stimme der Stille, Stimme Gottes / Die Offenbarungen des Sternenhimmels / »Das stille Kämmerlein«.

230 – Die Himmlische Stadt

Besucht auf Patmos / Einführung in die Offenbarung / Melchisedek und die Lehre von den beiden Prinzipien / Briefe an die Gemeinden von Ephesus und Smyrna / Brief an die Gemeinde von Pergamon / Brief an die Gemeinde von Laodizäa / Die Vierundzwanzig Ältesten und die vier Heiligen Tiere / Das Buch und das Lamm / Die 144.000 Diener Gottes / Die Frau und der Drache / Erzengel Michael streckt den Drachen nieder / Der Drache speit Wasser auf die Frau / Das Tier, das aus dem Meer emporsteigt und das Tier, das aus der Erde emporsteigt / Das Hochzeitsfest des Lammes / Der für tausend Jahre gefesselte Drache / Der Neue Himmel und die Neue Erde / Die Himmlische Stadt.

231 – Saaten des Glücks

Das Glück ist eine Gabe, die gepflegt werden muss / Vergnügen ist noch kein Glück / Nur die richtige Arbeit macht glücklich / Die Philosophie der Anstrengung / Licht ist das, was glücklich macht / Der Sinn des Lebens / Frieden und Glück / Seid »lebendig«, um glücklich zu sein / erhebt euch über die Lebensbedingungen! / Entwickelt eure Sensibilität für die göttlich Welt / Das Land Kanaan / Der Geist steht über den Gesetzen des Schicksals / Sucht das Glück in höheren Regionen! / Die Suche nach Glück ist die Suche nach Gott / Für Selbstsüchtige gibt es kein Glück / Gebt, ohne etwas dafür zu erwarten! / Liebt, ohne Gegenliebe zu verlangen! / Von der Nützlichkeit der Feinde / Der garten von Seele und Geist / Die Vereinigung auf höherer Ebene / Wir sind die Schöpfer unserer Zukunft.

232 – Feuer und Wasser, Wunderkräfte der Schöpfung

Wasser und Feuer, Grundprinzipien der Schöpfung / Das Geheimnis der Verbrennung / Die Entdeckung des Wassers / Wasser und Zivilisation / Eine lebendige Kette: Sonne-Erde-Wasser / Die Arbeit des Schmiedes / Das Gebirge, Mutter des Wassers / Vom physischen Wasser zum spirituellen Wasser / Nährt eure Flamme / Das Feuer ist das Mittel der Verwirklichung / Der Kreislauf des Wassers: Die Reinkarnation / Der Zyklus der Wassers: Liebe und Weisheit / Die Flamme der Kerze / Wie man das Feuer anzündet und erhält / Das Wasser, Medium universalis / Der Zauberspiegel / Der Baum des Lichtes / Das Herabsteigen des Heiligen Geistes / Bilder als Begleiter auf unserem Lebensweg.

233 – Eine Zukunft für die Jugend

Die Jugend ist wie die Erde im Entwicklungsprozess / Die Grundlage unserer Existenz ist der Glaube an einen Schöpfer / Der Sinn für das Heilige / Die Stimme der höheren Natur / Den richtigen Weg einschlagen / Studieren genügt nicht, um dem Leben einen Sinn zu geben / Der Charakter ist wichtiger als das Wissen / Erfolg wie Misserfolg meistern / Erkennt, wonach Seele und Geist streben! / Die göttliche Welt ist unsere innere Welt / Warum wird man in diese oder jene Familie hineingeboren? / Lernt aus den Erfahrungen der Älteren! / Vergleicht euch mit spirituell Höherstehenden, um voranzukommen! / Die Liebe unterstützt den Willen / Gebt euch nie geschlagen! / Lasst euch nicht durch eure Fehler entmutigen! / Der wahre Künstler der Zukunft / Sexuelle Freiheit? / Bewahrt die Poesie eurer Liebe! / Tretet ein in die universelle Familie!

234 – Die Wahrheit, Frucht der Weisheit und der Liebe

Die Suche nach der Wahrheit / Die Wahrheit, Kind der Weisheit und der Liebe / Weisheit und Liebe oder Licht und Wärme / Die Liebe des Schülers, die Weisheit des Meisters / Der Kern der Wahrheit / »Ich bin der Weg, die Wahrheit und das Leben« / Der blaue Strahl der Wahrheit / Die wirklich wahre Wahrheit / Bleibt der Wahrheit treu / Über Geschmack lässt sich nicht streiten / Objektive und subjektive Welt / Die Vorrangstellung der subjektiven Welt / Wissenschaftlicher Fortschritt und moralischer Fortschritt / Wahrheit der Wissenschaft und Wahrheit des Lebens / Wie man lernt, alles so zu sehen, als sei es zum ersten Mal. / Traum und Wirklichkeit / Die Wahrheit jenseits von Gute und Böse / Die Wahrheit wird euch frei machen.

235 – Im Geist und in der Wahrheit

Das Gerüst des Universums / Das Göttliche Amt für Gewichte und Maße / Die Verbindung mit dem Zentrum / Die Eroberung des Gipfels / Von der Vielfalt zur Einheit , Teil 1 und Teil 2 / Die Errichtung des Gebäudes / Die Kontemplation der Wahrheit: Die entschleierte Isis, Teil 1 und Teil 2 / Das Lichtkleid / Die Haut, Organ der Erkenntnis / Der Duft des Garten Eden / Im Geist und in der Wahrheit / Das Bild als einfache Stütze für das Gebet / Überreste sind nichts als Spuren ohne Geist / Nur im Geist begegnet man den Wesen wirklich / Die Sonne, Quintessenz jeder wahren Religion / Die Wahrheit der Sonne: Das Geben / Das Reich Gottes ist in uns.

236 – Weisheit aus der Kabbala

Vom Menschen zu Gott: Der Hierarchiebegriff / Darstellung des Lebensbaumes / Die Engelshierarchien / Die Namen Gottes / Die Sephiroth der mittleren Säule / Ain Soph Aur: Licht ohne Ende / Die Materie des Universums: das Licht /

»Als der Ewige den Kreis zog über den Fluten der Tiefe...« / »Das Reich Gottes gleicht einem Senfkorn« / Die kosmische Familie und das Mysterium der Heiligen Dreifaltigkeit / Der Körper des Adam Kadmon / Malkuth, Jesod, Hod, Tiphereth: Die Erzengel und die Jahreszeiten / Der Sephirothbaum, Symbol der Synarchie / Jesod: Die Grundlage des spirituellen Lebens / Binah / Chokmah, das schöpferische Wort / Jesod, Tiphereth, Kether: Die Sublimierung der Sexualkraft / Das Gebet Salomons.

237 – Das kosmische Gleichgewicht - Die Zahl 2

Die kosmische Waage - Die Zahl 2 / Das Pendeln der Waage / Die 1 und die 0 / Der jeweilige Platz des Männlichen und des Weiblichen / Gott steht über dem Guten und dem Bösen / Der weiße und der schwarze Kopf / Zyklische Schwankungen und Gegenpole: Das Gesetz der Gegensätze / »Um die Wunder einer einzigen Sache zu verbringen« - Die Symbole der 8 und des Kreuzes / Der Äskulapstab des Hermes – Die Schlange der Astralebene / Prinzip des Lebens und Prinzip des Todes: Iona und Horev / Das Dreieck Kether-Chesed-Geburah / Das Gesetz des Austauschs / Der Schlüssel und das Schloss / Die Arbeit des Geistes an der Materie – Der Gralskelch / [...]

238 – Der Glaube versetzt Berge

Glaube, Hoffnung und Liebe / Das Senfkorn / Wahrer Glaube und persönliche Überzeugung / Wissenschaft und Religion / Der Glaube geht immer dem Wissen voran / Die Wiederentdeckung des verborgenen Wissens / Die Religion ist nur eine Form des Glaubens / Unsere göttliche Abstammung / Der Beweis für die Existenz Gottes ist in uns / Die Identifikation mit Gott / Gott ist das Leben / Gott in der Schöpfung / Rabota, vreme, vera: Arbeit, Zeit, Glaube.

239 – Die Liebe ist größer als der Glaube

Die Ungewissheiten des modernen Menschen / Der zerstörerische Zweifel: Einheit und Polariastion / Der heilsame Zweifel / »Dein Glaube hat dir geholfen« / »Dir geschehe nach deiner Einstellung« / Nur unser Tun bezeugt unseren Glauben / Bewahrt euren Glauben an das Gute / »Wenn ihr nicht werdet wie die Kinder...« / Die Liebe ist größer als der Glaube / Worauf das wahre Vertrauen gründet / »Liebt einander, wie ich euch geliebt habe«.

240 – Söhne und Töchter Gottes

»Ich bin gekommen, damit sie das Leben haben« / Das Blut, Träger der Seele / »Wer sein Leben retten will, wird es verlieren« / »Lass die Toten ihre Toten begraben« / »Gott hat die Welt so sehr geliebt, dass er seinen einzigen Sohn hingab« / Jesus, Hohepriester nach der Ordnung Melchisedeks / Der Mensch Jesus und das kosmische Prinzip des Christus / Weihnachten und Ostern: Zwei Seiten aus dem Buch der Natur / Die Geburt des Christuskindes / Jesus, tot und auferstanden? / Das Opfer von Jesus am Kreuz: Die Kräfte des Blutes / »Aus seinem Leib werden Ströme lebendigen Wassers fließen« / Ein Sohn Gottes ist allen Menschen ein Bruder / Die Erde bevölkern mit Söhnen und Töchter Gottes.

241 – Der Stein der Weisen

Über die Deutung der Schriften, Teil 1 und Teil 2 / »Was zum Mund hineingeht, das macht den Menschen nicht unrein...« / »Ihr seid das Salz der Erde« /

»Wenn das Salz seinen Geschmack verliert…« / Den Geschmack des Salzes kosten: die göttliche Liebe / »Ihr seid das Licht der Welt« / Das Salz der Alchimisten / »Und wie alle Dinge aus dem Einen entstammen…« / Die alchimistische Arbeit: Die 3 über der 4 / Der Stein der Weisen, Frucht einer mystischen Vereinigung / Die Regeneration der Materie: das Kreuz und der Tiegel / Der Mai-Tau / Die Entfaltung des göttlichen Keims / Das Gold des wahren Wissens: Alchimist und Goldsucher.

242 – Unerschöpfliche Quellen der Freude

Gott, Ursprung und Ziel unserer Reise / Sich auf den Weg machen / Das Leiden als Antrieb / Gottes Antworten in sich selbst suchen / In der Schule des Lebens: Die Lektionen der Kosmischen Intelligenz / »Wie ein Fisch im Wasser« / Gegenüber himmlischen Wesenheiten eingegangene Verpflichtungen / Ohne Angst voranschreiten / Einzig das Licht des Geistes darf uns führen / Unsere Zugehörigkeit zum Lebensbaum / Was es bedeutet, ins »Ausland« zu gehen / [...]

243 – Das Lächeln des Weisen

Der Weise lebt in der Hoffnung / Wie ein Hirte über seine Schafe wacht / Die Grenzen unserer Seele schützen / Die Erwartung, die uns wach hält / »Wenn die Auge rein ist, wird dein ganzer Körper im Licht sein« / Der Ernst, die Tränen, das Lachen, das Feiern / Die Lampe des Weisen ist voller Heiterkeit / Die Sprache des Eisens und die Sprache des Goldes / Sieg über das Leiden: Das Lächeln Gottes / Jedes Opfer prägt uns den Stempel der Sonne auf / »Der Größte unter euch soll euer Diener sein« / Dank: Quelle von Licht und Freude / Möge euer Name im Buch des Lebens eingetragen sein / Beim Festmahl.

244 – Dem Licht entgegen

Um nicht mehr sagen zu müssen: wenn ich gewusst hätte…! / »Lass deine linke Hand nicht wissen, was deine rechte tut.« / Programm für den Tag und Programm für die Ewigkeit / »Seid nicht besorgt um den morgigen Tag« / Allein die Gegenwart gehört uns / Bevor die Sonne untergeht / Der Übergang ins Jenseits / Das Leben ohne Grenzen / Die Bedeutung der Bestattungsrituale / Unsere Beziehungen zu den Familiengeistern / Was ist der Wille Gottes? / Im Dienste des göttlichen Prinzips / Zum Altar des Herrn aufsteigen / Schreitet beständig voran / An der Schwelle eines neuen Jahres.

Vom selben Autor

Reihe Broschüren

301 Das neue Jahr
302 Die Meditation
303 Die Atmung
304 Der Tod und das Leben im Jenseits
305 Das Gebet
306 Musik und Gesang im spirituellen Leben
307 Das hohe Ideal
308 Das Osterfest – Die Auferstehung und das Leben
309 Die Aura
310 In die Stille gehen
311 Wie Gedanken sich in der Materie verwirklichen
312 Die Reinkarnation
313 Das Vaterunser
314 Das Gesetz der Gerechtigkeit und das Gesetz der Liebe
315 Die Quelle des Lebens
316 Die Nahrung, ein Liebesbrief des Schöpfers
317 Die Kunst und das Leben
318 Die wesentliche Aufgabe der Mutter während der Schwangerschaft
319 Die Seele, Instrument des Geistes
320 Menschliches und göttliches Wort
321 Weihnachten und das Mysterium der Geburt Christi
322 Die spirituellen Grundlagen der Medizin
323 Meditationen beim Sonnenaufgang
324 Der Friede, ein höherer Bewusstseinszustand
325 Das Ideal des brüderlichen Lebens
326 Die ganze Schöpfung wohnt in uns
327 Der Preis der Freiheit

Verlags-Auslieferung

Frankreich (Hauptverlag)
Éditions Prosveta S.A.
B.P. 12 – F-83601 Fréjus Cedex
Tel. 04 94 19 33 33, Fax 04 94 19 33 34
E-Mail: international@prosveta.com
Internet: www.prosveta.fr

Deutschland
Prosveta Verlag GmbH
Grabenstr. 14, 78661 Dietingen
Tel. 07427-3430
E-Mail: info@prosveta.de
Internet: www.prosveta.de

Österreich
Harmoniequell Versand
Hof 37/4, 5302 Henndorf
Tel. und Fax 06214 7413
E-Mail: info@prosveta.at
Internet: www.prosveta.at

Schweiz
Éditions Prosveta
1808 Les Monts-de-Corsier 13
Tel. 021 921 92 18, Fax 021 922 92 04
E-Mail: editions@prosveta.ch
Internet: www.prosveta.ch

Auslieferungsadressen für weitere Länder finden Sie unter
www.prosveta.de/informationen/bestelladressen

Wenn Sie sich für Veranstaltungen interessieren, in denen die Lehre von Omraam Mikhaël Aïvanhov vertieft werden kann, wenden Sie sich bitte an eine der folgenden Adressen:

DEUTSCHLAND
UWB e.V., Geschäftsstelle Heideweg 7a,
01814 Rathmannsdorf
Tel: 035022 - 519052,
www.aivanhov.de, info@aivanhov.de

SCHWEIZ
FBU, Chemin de la Céramone 13,
1808 Les-Monts-de-Corsier
Telefon 021 925 40 80, www.videlinata.ch

ÖSTERREICH
UWB, Telefon 01 27 698 32
Internet: www.uwb.at, E-Mail: info@uwb.at